Constitución Política de Chile

Texto actualizado a febrero 2024

Texto recomendado por el Centro de Recursos de Aprendizaje del Ministerio de Educación

Constitución Política de Chile

Texto actualizado a febrero 2024

TIRANT LO BLANCH

tirant lo blanch
Valencia, 2024

EDITA: TIRANT LO BLANCH
C/ Artes Gráficas, 14 - 46010 - Valencia
TELFS.: 96/361 00 48 - 50
FAX: 96/369 41 51
Email: tlb@tirant.com
www.tirant.com
Librería virtual: https://editorial.tirant.com/cl
ISBN: 978-84-1056-910-2

Si tiene alguna queja o sugerencia, envíenos un mail a: *atencioncliente@tirant.com*. En caso de no ser atendida su sugerencia, por favor, lea en *www.tirant.net/index.php/empresa/politicas-de-empresa* nuestro procedimiento de quejas.

Responsabilidad Social Corporativa: http://www.tirant.net/Docs/RSCTirant.pdf

ÍNDICE

CONSTITUCIÓN POLÍTICA DE LA REPÚBLICA DE CHILE

Capítulo I. BASES DE LA INSTITUCIONALIDAD 9

Capítulo II. NACIONALIDAD Y CIUDADANÍA 12

Capítulo III. DE LOS DERECHOS Y DEBERES CONSTITUCIONALES 15

Capítulo IV. GOBIERNO 30
- Presidente de la República 30
- Ministros de Estado 38
- Bases generales de la Administración del Estado 39
- Estados de excepción constitucional 40

Capítulo V. CONGRESO NACIONAL 44
- Composición y generación de la Cámara de Diputados y del Senado 44
- Atribuciones exclusivas de la Cámara de Diputados 46
- Atribuciones exclusivas del Senado 48
- Atribuciones exclusivas del Congreso 50
- Funcionamiento del Congreso 52
- Normas comunes para los diputados y senadores 52
- Materias de Ley 56
- Formación de la ley 59

Capítulo VI. PODER JUDICIAL 64

Capítulo VII. MINISTERIO PÚBLICO 68

Capítulo VIII. TRIBUNAL CONSTITUCIONAL 73

Capítulo IX. SERVICIO ELECTORAL Y JUSTICIA ELECTORAL 79

Capítulo X. CONTRALORÍA GENERAL DE LA REPÚBLICA 81

Capítulo XI. FUERZAS ARMADAS, DE ORDEN Y SEGURIDAD PÚBLICA 83

Capítulo XII. CONSEJO DE SEGURIDAD NACIONAL 85

Capítulo XIII. BANCO CENTRAL 85

Capítulo XIV. GOBIERNO Y ADMINISTRACIÓN INTERIOR DEL ESTADO 86
- Gobierno y Administración Regional 87
- Gobierno y Administración Provincial 91

Administración Comunal 91
Disposiciones Generales 94
Disposiciones Especiales 96

Capítulo XV. REFORMA DE LA CONSTITUCIÓN Y DEL PROCEDIMIENTO PARA ELABORAR UNA NUEVA CONSTITUCIÓN DE LA REPÚBLICA 97
Del procedimiento para elaborar una nueva constitución política de la república .. 98

DEL NUEVO PROCEDIMIENTO PARA ELABORAR UNA CONSTITUCIÓN POLÍTICA DE LA REPÚBLICA 111
Del Consejo Constitucional 111
De la Comisión Experta 119
Del Comité Técnico de Admisibilidad 120
Reglas aplicables a los integrantes del Consejo Constitucional, Comisión Experta y Comité Técnico de Admisibilidad 120
Del procedimiento 122
Del requerimiento ante el Comité Técnico de Admisibilidad 126
Del funcionamiento y disolución del Consejo Constitucional, la Comisión Experta y el Comité Técnico de Admisibilidad 128
Del plebiscito constitucional 129

DISPOSICIONES TRANSITORIAS 133

Constitución Política de la República de Chile

(Con la última modificación incorporada por
la Ley 21.644, del 2 de febrero de 2024)

Decreto Núm. 100.- Santiago, 17 de septiembre de 2005.- Visto:
En uso de las facultades que me confiere el artículo 2° de
la Ley N° 20.050, y teniendo presente lo dispuesto en el
artículo 32 N°8 de la Constitución Política de 1980,
Decreto:
Fíjase el siguiente texto refundido, coordinado y sistematizado
de la Constitución Política de la República:

Capítulo I
BASES DE LA INSTITUCIONALIDAD

Artículo 1°.- Las personas nacen libres e iguales en dignidad y derechos.

La familia es el núcleo fundamental de la sociedad.

El Estado reconoce y ampara a los grupos intermedios a través de los cuales se organiza y estructura la sociedad y les garantiza la adecuada autonomía para cumplir sus propios fines específicos.

El Estado está al servicio de la persona humana y su finalidad es promover el bien común, para lo cual debe contribuir a crear las condiciones sociales que permitan a todos y a cada uno de los integrantes de la comunidad nacional su mayor realización espiritual y material posible, con pleno respeto a los derechos y garantías que esta Constitución establece.

Es deber del Estado resguardar la seguridad nacional, dar protección a la población y a la familia, propender al fortalecimiento de ésta, promover la integración armónica de todos los sectores de la Nación y asegurar el derecho de las personas a participar con igualdad de oportunidades en la vida nacional.

Artículo 2°.- Son emblemas nacionales la bandera nacional, el escudo de armas de la República y el himno nacional.

Artículo 3°.- El Estado de Chile es unitario.

La administración del Estado será funcional y territorialmente descentralizada, o desconcentrada en su caso, de conformidad a la ley.

Los órganos del Estado promoverán el fortalecimiento de la regionalización del país y el desarrollo equitativo y solidario entre las regiones, provincias y comunas del territorio nacional.

Artículo 4°.- Chile es una república democrática.

Artículo 5°.- La soberanía reside esencialmente en la Nación. Su ejercicio se realiza por el pueblo a través del plebiscito y de elecciones periódicas y, también, por las autoridades que esta Constitución establece. Ningún sector del pueblo ni individuo alguno puede atribuirse su ejercicio.

El ejercicio de la soberanía reconoce como limitación el respeto a los derechos esenciales que emanan de la naturaleza humana. Es deber de los órganos del Estado respetar y promover tales derechos, garantizados por esta Constitución, así como por los tratados internacionales ratificados por Chile y que se encuentren vigentes.

Artículo 6°.- Los órganos del Estado deben someter su acción a la Constitución y a las normas dictadas conforme a ella, y garantizar el orden institucional de la República.

Los preceptos de esta Constitución obligan tanto a los titulares o integrantes de dichos órganos como a toda persona, institución o grupo.

La infracción de esta norma generará las responsabilidades y sanciones que determine la ley.

Artículo 7°.- Los órganos del Estado actúan válidamente previa investidura regular de sus integrantes, dentro de su competencia y en la forma que prescriba la ley.

Ninguna magistratura, ninguna persona ni grupo de personas pueden atribuirse, ni aun a pretexto de circunstancias extraordinarias, otra autoridad o derechos que los que expresamente se les hayan conferido en virtud de la Constitución o las leyes.

Todo acto en contravención a este artículo es nulo y originará las responsabilidades y sanciones que la ley señale.

Artículo 8º.- El ejercicio de las funciones públicas obliga a sus titulares a dar estricto cumplimiento al principio de probidad en todas sus actuaciones.

Son públicos los actos y resoluciones de los órganos del Estado, así como sus fundamentos y los procedimientos que utilicen. Sin embargo, sólo una ley de quórum calificado podrá establecer la reserva o secreto de aquéllos o de éstos, cuando la publicidad afectare el debido cumplimiento de las funciones de dichos órganos, los derechos de las personas, la seguridad de la Nación o el interés nacional.

El Presidente de la República, los Ministros de Estado, los diputados y senadores, y las demás autoridades y funcionarios que una ley orgánica constitucional señale, deberán declarar sus intereses y patrimonio en forma pública.

Dicha ley determinará los casos y las condiciones en que esas autoridades delegarán a terceros la administración de aquellos bienes y obligaciones que supongan conflicto de interés en el ejercicio de su función pública. Asimismo, podrá considerar otras medidas apropiadas para resolverlos y, en situaciones calificadas, disponer la enajenación de todo o parte de esos bienes.

Artículo 9º.- El terrorismo, en cualquiera de sus formas, es por esencia contrario a los derechos humanos.

Una ley de quórum calificado determinará las conductas terroristas y su penalidad. Los responsables de estos delitos quedarán inhabilitados por el plazo de quince años para ejercer funciones o cargos públicos, sean o no de elección popular, o de rector o director de establecimiento de educación, o para ejercer en ellos funciones de enseñanza; para explotar un medio de comunicación social o ser director o administrador del mismo, o para desempeñar en él funciones relacionadas con la emisión o difusión de opiniones o informaciones; ni podrá ser dirigentes de organizaciones políticas o relacionadas con la educación o de carácter vecinal, profesional, empresarial, sindical, estudiantil o gremial en general, durante dicho plazo. Lo anterior se entiende sin perjuicio de otras inhabilidades o de las que por mayor tiempo establezca la ley.

Los delitos a que se refiere el inciso anterior serán considerados siempre comunes y no políticos para todos los efectos legales y no procederá respecto de ellos el indulto particular, salvo para conmutar la pena de muerte por la de presidio perpetuo.

CAPÍTULO II
NACIONALIDAD Y CIUDADANÍA

Artículo 10.- Son chilenos:

1º.- Los nacidos en el territorio de Chile, con excepción de los hijos de extranjeros que se encuentren en Chile en servicio de su Gobierno, y de los hijos de extranjeros transeúntes, todos los que, sin embargo, podrán optar por la nacionalidad chilena;

2º.- Los hijos de padre o madre chilenos, nacidos en territorio extranjero. Con todo, se requerirá que alguno de sus ascendientes en línea recta de primer o segundo grado, haya adquirido la nacionalidad chilena en virtud de lo establecido en los números 1º, 3º ó 4º;

3º.- Los extranjeros que obtuvieren carta de nacionalización en conformidad a la ley, y

4º.- Los que obtuvieren especial gracia de nacionalización por ley.

La ley reglamentará los procedimientos de opción por la nacionalidad chilena; de otorgamiento, negativa y cancelación de las cartas de nacionalización, y la formación de un registro de todos estos actos.

Artículo 11.- La nacionalidad chilena se pierde:

1º.- Por renuncia voluntaria manifestada ante autoridad chilena competente. Esta renuncia sólo producirá efectos si la persona, previamente, se ha nacionalizado en país extranjero;

2°.- Por decreto supremo, en caso de prestación de servicios durante una guerra exterior a enemigos de Chile o de sus aliados;

3°.- Por cancelación de la carta de nacionalización, y

4°.- Por ley que revoque la nacionalización concedida por gracia.

Los que hubieren perdido la nacionalidad chilena por cualquiera de las causales establecidas en este artículo, sólo podrán ser rehabilitados por ley.

Artículo 12.- La persona afectada por acto o resolución de autoridad administrativa que la prive de su nacionalidad chilena o se la desconozca, podrá recurrir, por sí o por cualquiera a su nombre, dentro del plazo de treinta días, ante la Corte Suprema, la que conocerá como jurado y en tribunal pleno. La interposición del recurso suspenderá los efectos del acto o resolución recurridos.

Artículo 13.- Son ciudadanos los chilenos que hayan cumplido dieciocho años de edad y que no hayan sido condenados a pena aflictiva.

La calidad de ciudadano otorga los derechos de sufragio, de optar a cargos de elección popular y los demás que la Constitución o la ley confieran.

Los ciudadanos con derecho a sufragio que se encuentren fuera del país podrán sufragar desde el extranjero en las elecciones primarias presidenciales, en las elecciones de Presidente de la República y en los plebiscitos nacionales. Una ley orgánica constitucional establecerá el procedimiento para materializar la inscripción en el registro electoral y regulará la manera en que se realizarán los procesos electorales y plebiscitarios en el extranjero, en conformidad con lo dispuesto en los incisos primero y segundo del artículo 18.

Tratándose de los chilenos a que se refieren los números 2° y 4° del artículo 10, el ejercicio de los derechos que les confiere la ciudadanía estará sujeto a que hubieren estado avecindados en Chile por más de un año.

Artículo 14.- Los extranjeros avecindados en Chile por más de cinco años, y que cumplan con los requisitos señalados en el inciso primero del artículo 13, podrán ejercer el derecho de sufragio en los casos y formas que determine la ley.

Los nacionalizados en conformidad al N° 3° del artículo 10, tendrán opción a cargos públicos de elección popular sólo después de cinco años de estar en posesión de sus cartas de nacionalización.

Artículo 15.- En las votaciones populares, el sufragio será personal, igualitario y secreto.

El sufragio será obligatorio para los electores en todas las elecciones y plebiscitos, salvo en las elecciones primarias. Una ley orgánica constitucional fijará las multas o sanciones que se aplicarán por el incumplimiento de este deber, los electores que estarán exentos de ellas y el procedimiento para su determinación.

Sólo podrá convocarse a votación popular para las elecciones y plebiscitos expresamente previstos en esta Constitución.

Artículo 16.- El derecho de sufragio se suspende:

1°.- Por interdicción en caso de demencia;

2°.- Por hallarse la persona acusada por delito que merezca pena aflictiva o por delito que la ley califique como conducta terrorista, y

3°.- Por haber sido sancionado por el Tribunal Constitucional en conformidad al inciso séptimo del número 15° del artículo 19 de esta Constitución. Los que por esta causa se hallaren privados del ejercicio del derecho de sufragio lo recuperarán al término de cinco años, contado desde la declaración del Tribunal. Esta suspensión no producirá otro efecto legal, sin perjuicio de lo dispuesto en el inciso séptimo del número 15° del artículo 19.

Artículo 17.- La calidad de ciudadano se pierde:

1°.- Por pérdida de la nacionalidad chilena;

2°.- Por condena a pena aflictiva, y

3°.- Por condena por delitos que la ley califique como conducta terrorista y los relativos al tráfico de estupefacientes y que hubieren merecido, además, pena aflictiva.

Los que hubieren perdido la ciudadanía por la causal indicada en el número 2°, la recuperarán en conformidad a la ley, una vez extinguida su responsabilidad penal. Los que la hubieren perdido por las causales previstas en el número 3° podrán solicitar su rehabilitación al Senado una vez cumplida la condena.

Artículo 18.- Habrá un sistema electoral público. Una ley orgánica constitucional determinará su organización y funcionamiento, regulará la forma en que se realizarán los procesos electorales y plebiscitarios, en todo lo no previsto por esta Constitución y garantizará siempre la plena igualdad entre los independientes y los miembros de partidos políticos tanto en la presentación de candidaturas como en su participación en los señalados procesos. Dicha ley establecerá también un sistema de financiamiento, transparencia, límite y control del gasto electoral.

Una ley orgánica constitucional contemplará, además, un sistema de registro electoral, bajo la dirección del Servicio Electoral, al que se incorporarán, por el solo ministerio de la ley, quienes cumplan los requisitos establecidos por esta Constitución.

El resguardo del orden público durante los actos electorales y plebiscitarios corresponderá a las Fuerzas Armadas y Carabineros del modo que indique la ley.

Capítulo III
DE LOS DERECHOS Y DEBERES CONSTITUCIONALES

Artículo 19.- La Constitución asegura a todas las personas:

1°.- El derecho a la vida y a la integridad física y psíquica de la persona.

La ley protege la vida del que está por nacer.

La pena de muerte sólo podrá establecerse por delito contemplado en ley aprobada con quórum calificado.

Se prohíbe la aplicación de todo apremio ilegítimo.

El desarrollo científico y tecnológico estará al servicio de las personas y se llevará a cabo con respeto a la vida y a la integridad física y psíquica.

La ley regulará los requisitos, condiciones y restricciones para su utilización en las personas, debiendo resguardar especialmente la actividad cerebral, así como la información proveniente de ella;

2º.- La igualdad ante la ley. En Chile no hay persona ni grupo privilegiados. En Chile no hay esclavos y el que pise su territorio queda libre. Hombres y mujeres son iguales ante la ley.

Ni la ley ni autoridad alguna podrán establecer diferencias arbitrarias;

3º.- La igual protección de la ley en el ejercicio de sus derechos.

Toda persona tiene derecho a defensa jurídica en la forma que la ley señale y ninguna autoridad o individuo podrá impedir, restringir o perturbar la debida intervención del letrado si hubiere sido requerida. Tratándose de los integrantes de las Fuerzas Armadas y de Orden y Seguridad Pública, este derecho se regirá, en lo concerniente a lo administrativo y disciplinario, por las normas pertinentes de sus respectivos estatutos.

La ley arbitrará los medios para otorgar asesoramiento y defensa jurídica a quienes no puedan procurárselos por sí mismos. La ley señalará los casos y establecerá la forma en que las personas naturales víctimas de delitos dispondrán de asesoría y defensa jurídica gratuitas, a efecto de ejercer la acción penal reconocida por esta Constitución y las leyes.

Toda persona imputada de delito tiene derecho irrenunciable a ser asistida por un abogado defensor proporcionado por el Estado si no nombrare uno en la oportunidad establecida por la ley.

Nadie podrá ser juzgado por comisiones especiales, sino por el tribunal que señalare la ley y que se hallare establecido por ésta con anterioridad a la perpetración del hecho.

Toda sentencia de un órgano que ejerza jurisdicción debe fundarse en un proceso previo legalmente tramitado. Corresponderá al legislador establecer siempre las garantías de un procedimiento y una investigación racionales y justos.

La ley no podrá presumir de derecho la responsabilidad penal.

Ningún delito se castigará con otra pena que la que señale una ley promulgada con anterioridad a su perpetración, a menos que una nueva ley favorezca al afectado.

Ninguna ley podrá establecer penas sin que la conducta que se sanciona esté expresamente descrita en ella;

4°.- El respeto y protección a la vida privada y a la honra de la persona y su familia, y asimismo, la protección de sus datos personales. El tratamiento y protección de estos datos se efectuará en la forma y condiciones que determine la ley;

5°.- La inviolabilidad del hogar y de toda forma de comunicación privada. El hogar sólo puede allanarse y las comunicaciones y documentos privados interceptarse, abrirse o registrarse en los casos y formas determinados por la ley;

6°.- La libertad de conciencia, la manifestación de todas las creencias y el ejercicio libre de todos los cultos que no se opongan a la moral, a las buenas costumbres o al orden público.

Las confesiones religiosas podrán erigir y conservar templos y sus dependencias bajo las condiciones de seguridad e higiene fijadas por las leyes y ordenanzas.

Las iglesias, las confesiones e instituciones religiosas de cualquier culto tendrán los derechos que otorgan y reconocen, con respecto a los bienes, las leyes actualmente en vigor. Los templos y sus dependencias, destinados exclusivamente al servicio de un culto, estarán exentos de toda clase de contribuciones;

7°.- El derecho a la libertad personal y a la seguridad individual.

En consecuencia:

a) Toda persona tiene derecho de residir y permanecer en cualquier lugar de la República, trasladarse de uno a otro y entrar y salir de su territorio, a condición de que se guarden las normas establecidas en la ley y salvo siempre el perjuicio de terceros;

b) Nadie puede ser privado de su libertad personal ni ésta restringida sino en los casos y en la forma determinados por la Constitución y las leyes;

c) Nadie puede ser arrestado o detenido sino por orden de funcionario público expresamente facultado por la ley y después de que dicha orden le sea intimada en forma legal. Sin embargo, podrá ser detenido el que fuere sorprendido en delito flagrante, con el solo objeto de ser puesto a disposición del juez competente dentro de las veinticuatro horas siguientes.

Si la autoridad hiciere arrestar o detener a alguna persona, deberá, dentro de las cuarenta y ocho horas siguientes, dar aviso al juez competente, poniendo a su disposición al afectado. El juez podrá, por resolución fundada, ampliar este plazo hasta por cinco días, y hasta por diez días, en el caso que se investigaren hechos calificados por la ley como conductas terroristas;

Este lapso de cuarenta y ocho horas no se considerará para efectos de materialización de expulsiones administrativas. En este último caso, corresponderá a la ley fijar el plazo máximo, el que no podrá, en todo caso, exceder de cinco días corrido;

d) Nadie puede ser arrestado o detenido, sujeto a prisión preventiva o preso, sino en su casa o en lugares públicos destinados a este objeto.

Los encargados de las prisiones no pueden recibir en ellas a nadie en calidad de arrestado o detenido, procesado o preso, sin dejar constancia de la orden correspondiente, emanada de autoridad que tenga facultad legal, en un registro que será público.

Ninguna incomunicación puede impedir que el funcionario encargado de la casa de detención visite al arrestado o detenido, procesado o preso, que se encuentre en ella. Este funcionario está obligado, siempre que el arrestado o detenido lo requiera, a transmitir al juez competente la copia de la orden de detención, o a reclamar para que se le dé dicha copia, o a dar él mismo un certificado de hallarse detenido aquel individuo, si al tiempo de su detención se hubiere omitido este requisito;

e) La libertad del imputado procederá a menos que la detención o prisión preventiva sea considerada por el juez como necesaria para las investigaciones o para la seguridad del ofendido o de la sociedad. La ley establecerá los requisitos y modalidades para obtenerla.

La apelación de la resolución que se pronuncie sobre la libertad del imputado por los delitos a que se refiere el artículo 9°, será conocida por el tribunal superior que corresponda, integrado exclusivamente por miembros titulares. La resolución que la apruebe u otorgue requerirá ser acordada por unanimidad. Mientras dure la libertad, el imputado quedará siempre sometido a las medidas de vigilancia de la autoridad que la ley contemple;

f) En las causas criminales no se podrá obligar al imputado o acusado a que declare bajo juramento sobre hecho propio; tampoco podrán ser obligados a declarar en contra de éste sus ascendientes, descendientes, cónyuge y demás personas que, según los casos y circunstancias, señale la ley;

g) No podrá imponerse la pena de confiscación de bienes, sin perjuicio del comiso en los casos establecidos por las leyes; pero dicha pena será procedente respecto de las asociaciones ilícitas;

h) No podrá aplicarse como sanción la pérdida de los derechos previsionales, e

i) Una vez dictado sobreseimiento definitivo o sentencia absolutoria, el que hubiere sido sometido a proceso o condenado en cualquier instancia por resolución que la Corte Suprema declare injustificadamente errónea o arbitraria, tendrá derecho a ser indemnizado por el Estado de los perjuicios patrimoniales y morales que haya sufrido. La indemnización será determinada judicialmente en procedimiento breve y sumario y en él la prueba se apreciará en conciencia;

8º.- El derecho a vivir en un medio ambiente libre de contaminación. Es deber del Estado velar para que este derecho no sea afectado y tutelar la preservación de la naturaleza.

La ley podrá establecer restricciones específicas al ejercicio de determinados derechos o libertades para proteger el medio ambiente;

9º.- El derecho a la protección de la salud.

El Estado protege el libre e igualitario acceso a las acciones de promoción, protección y recuperación de la salud y de rehabilitación del individuo.

Le corresponderá, asimismo, la coordinación y control de las acciones relacionadas con la salud.

Es deber preferente del Estado garantizar la ejecución de las acciones de salud, sea que se presten a través de instituciones públicas o privadas, en la forma y condiciones que determine la ley, la que podrá establecer cotizaciones obligatorias.

Cada persona tendrá el derecho a elegir el sistema de salud al que desee acogerse, sea éste estatal o privado;

10º.- El derecho a la educación.

La educación tiene por objeto el pleno desarrollo de la persona en las distintas etapas de su vida.

Los padres tienen el derecho preferente y el deber de educar a sus hijos. Corresponderá al Estado otorgar especial protección al ejercicio de este derecho.

Para el Estado es obligatorio promover la educación parvularia, para lo que financiará un sistema gratuito a partir del nivel medio menor, destinado a asegurar el acceso a éste y sus niveles superiores. El segundo nivel de transición es obligatorio, siendo requisito para el ingreso a la educación básica.

La educación básica y la educación media son obligatorias, debiendo el Estado financiar un sistema gratuito con tal objeto, destinado a asegurar el acceso a ellas de toda la población. En el caso de la educación media este sistema, en conformidad a la ley, se extenderá hasta cumplir los 21 años de edad.

Corresponderá al Estado, asimismo, fomentar el desarrollo de la educación en todos sus niveles; estimular la investigación científica y tecnológica, la creación artística y la protección e incremento del patrimonio cultural de la Nación.

Es deber de la comunidad contribuir al desarrollo y perfeccionamiento de la educación;

11°.- La libertad de enseñanza incluye el derecho de abrir, organizar y mantener establecimientos educacionales.

La libertad de enseñanza no tiene otras limitaciones que las impuestas por la moral, las buenas costumbres, el orden público y la seguridad nacional.

La enseñanza reconocida oficialmente no podrá orientarse a propagar tendencia político partidista alguna.

Los padres tienen el derecho de escoger el establecimiento de enseñanza para sus hijos.

Una ley orgánica constitucional establecerá los requisitos mínimos que deberán exigirse en cada uno de los niveles de la enseñanza básica y media y señalará las normas objetivas, de general aplicación, que permitan al Estado velar por su cumplimiento. Dicha ley, del mismo modo, establecerá los requisitos para el reconocimiento oficial de los establecimientos educacionales de todo nivel;

12°.- La libertad de emitir opinión y la de informar, sin censura previa, en cualquier forma y por cualquier medio, sin perjuicio de responder de los delitos y abusos que se cometan en el ejercicio de estas libertades, en conformidad a la ley, la que deberá ser de quórum calificado.

La ley en ningún caso podrá establecer monopolio estatal sobre los medios de comunicación social.

Toda persona natural o jurídica ofendida o injustamente aludida por algún medio de comunicación social, tiene derecho a que su declaración o rectificación sea gratuitamente difundida, en las condiciones que la ley determine, por el medio de comunicación social en que esa información hubiera sido emitida.

Toda persona natural o jurídica tiene el derecho de fundar, editar y mantener diarios, revistas y periódicos, en las condiciones que señale la ley.

El Estado, aquellas universidades y demás personas o entidades que la ley determine, podrán establecer, operar y mantener estaciones de televisión.

Habrá un Consejo Nacional de Televisión, autónomo y con personalidad jurídica, encargado de velar por el correcto funcionamiento de este medio de comunicación. Una ley de quórum calificado señalará la organización y demás funciones y atribuciones del referido Consejo.

La ley regulará un sistema de calificación para la exhibición de la producción cinematográfica;

13°.- El derecho a reunirse pacíficamente sin permiso previo y sin armas.

Las reuniones en las plazas, calles y demás lugares de uso público, se regirán por las disposiciones generales de policía;

14°.- El derecho de presentar peticiones a la autoridad, sobre cualquier asunto de interés público o privado, sin otra limitación que la de proceder en términos respetuosos y convenientes;

15°.- El derecho de asociarse sin permiso previo.

Para gozar de personalidad jurídica, las asociaciones deberán constituirse en conformidad a la ley.

Nadie puede ser obligado a pertenecer a una asociación.

Prohíbense las asociaciones contrarias a la moral, al orden público y a la seguridad del Estado.

Los partidos políticos no podrán intervenir en actividades ajenas a las que les son propias ni tener privilegio alguno o monopolio de la participación ciudadana; la nómina de sus militantes se registrará en el servicio electoral del Estado, el que guardará reserva de la misma, la cual será accesible a los militantes del respectivo partido; su contabilidad deberá ser pública; las fuentes de su financiamiento no podrán provenir de dineros, bienes, donaciones, aportes ni créditos de origen extranjero; sus estatutos deberán contemplar las normas que aseguren una efectiva democracia interna. Una ley orgánica constitucional establecerá un sistema de elecciones primarias que podrá ser utilizado por dichos partidos para la nominación de candidatos a cargos de elección popular, cuyos resultados serán vinculantes para estas colectividades, salvo las excepciones que establezca dicha ley. Aquellos que no resulten elegidos en las elecciones primarias no podrán ser candidatos, en esa elección, al respectivo cargo. Una ley orgánica constitucional regulará las demás materias que les conciernan y las sanciones que se aplicarán por el incumplimiento de sus preceptos, dentro de las cuales podrá considerar su disolución. Las asociaciones, movimientos, organizaciones o grupos de personas que persigan o realicen actividades propias de los partidos políticos sin ajustarse a las normas anteriores son ilícitos y serán sancionados de acuerdo a la referida ley orgánica constitucional.

La Constitución Política garantiza el pluralismo político. Son inconstitucionales los partidos, movimientos u otras formas de organización cuyos objetivos, actos o conductas no respeten los principios básicos del régimen democrático y constitucional, procuren el establecimiento de un sistema totalitario, como asimismo aquellos que hagan uso de la violencia, la propugnen o inciten a ella como método de acción política. Corresponderá al Tribunal Constitucional declarar esta inconstitucionalidad.

Sin perjuicio de las demás sanciones establecidas en la Constitución o en la ley, las personas que hubieren tenido participación en los hechos que motiven la declaración de inconstitucionalidad a que se refiere el inciso precedente, no podrán participar en la formación de otros partidos políticos, movimientos u otras formas de organización política, ni optar a cargos públicos de elección popular ni desempeñar los cargos que se mencionan en los números 1) a 6) del artículo 57, por el término de cinco años, contado desde la resolución del Tribunal. Si a esa fecha las personas referidas estuvieren en posesión de las funciones o cargos indicados, los perderán de pleno derecho.

Las personas sancionadas en virtud de este precepto no podrán ser objeto de rehabilitación durante el plazo señalado en el inciso anterior. La duración de las inhabilidades contempladas en dicho inciso se elevará al doble en caso de reincidencia;

16º.- La libertad de trabajo y su protección.

Toda persona tiene derecho a la libre contratación y a la libre elección del trabajo con una justa retribución.

Se prohíbe cualquiera discriminación que no se base en la capacidad o idoneidad personal, sin perjuicio de que la ley pueda exigir la nacionalidad chilena o límites de edad para determinados casos.

Ninguna clase de trabajo puede ser prohibida, salvo que se oponga a la moral, a la seguridad o a la salubridad públicas, o que lo exija el interés nacional y una ley lo declare así. Ninguna ley o disposición de autoridad pública podrá exigir la afiliación a organización o entidad alguna como requisito para desarrollar una determinada actividad o trabajo, ni la desafiliación para mantenerse en éstos. La ley determinará las profesiones que requieren grado o título universitario y las condiciones que deben cumplirse para ejercerlas. Los colegios profesionales constituidos en conformidad a la ley y que digan relación con tales profesiones, estarán facultados para conocer de las reclamaciones que se interpongan sobre la conducta ética de sus miembros. Contra sus resoluciones podrá apelarse ante la Corte de Apelaciones respectiva. Los profesionales no asociados serán juzgados por los tribunales especiales establecidos en la ley.

La negociación colectiva con la empresa en que laboren es un derecho de los trabajadores, salvo los casos en que la ley expresamente no permita negociar. La ley establecerá las modalidades de la negociación colectiva y los procedimientos adecuados para lograr en ella una solución justa y pacífica. La ley señalará los casos en que la negociación colectiva deba someterse a arbitraje obligatorio, el que corresponderá a tribunales especiales de expertos cuya organización y atribuciones se establecerán en ella.

No podrán declararse en huelga los funcionarios del Estado ni de las municipalidades. Tampoco podrán hacerlo las personas que trabajen en corporaciones o empresas, cualquiera que sea su naturaleza, finalidad o función, que atiendan servicios de utilidad pública o cuya paralización cause grave daño a la salud, a la economía del país, al abastecimiento de la población o a la seguridad nacional. La ley establecerá los procedimientos para determinar las corporaciones o empresas cuyos trabajadores estarán sometidos a la prohibición que establece este inciso;

17º.- La admisión a todas las funciones y empleos públicos, sin otros requisitos que los que impongan la Constitución y las leyes;

18º.- El derecho a la seguridad social.

Las leyes que regulen el ejercicio de este derecho serán de quórum calificado.

La acción del Estado estará dirigida a garantizar el acceso de todos los habitantes al goce de prestaciones básicas uniformes, sea que se otorguen a través de instituciones públicas o privadas. La ley podrá establecer cotizaciones obligatorias.

El Estado supervigilará el adecuado ejercicio del derecho a la seguridad social;

19º.- El derecho de sindicarse en los casos y forma que señale la ley. La afiliación sindical será siempre voluntaria.

Las organizaciones sindicales gozarán de personalidad jurídica por el solo hecho de registrar sus estatutos y actas constitutivas en la forma y condiciones que determine la ley.

La ley contemplará los mecanismos que aseguren la autonomía de estas organizaciones. Las organizaciones sindicales no podrán intervenir en actividades político partidistas;

20º.- La igual repartición de los tributos en proporción a las rentas o en la progresión o forma que fije la ley, y la igual repartición de las demás cargas públicas.

En ningún caso la ley podrá establecer tributos manifiestamente desproporcionados o injustos.

Los tributos que se recauden, cualquiera que sea su naturaleza, ingresarán al patrimonio de la Nación y no podrán estar afectos a un destino determinado.

Sin embargo, la ley podrá autorizar que determinados tributos puedan estar afectados a fines propios de la defensa nacional. Asimismo, podrá autorizar que los que gravan actividades o bienes que tengan una clara identificación regional o local puedan ser aplicados, dentro de los marcos que la misma ley señale, por las autoridades regionales o comunales para el financiamiento de obras de desarrollo;

21°.- El derecho a desarrollar cualquiera actividad económica que no sea contraria a la moral, al orden público o a la seguridad nacional, respetando las normas legales que la regulen.

El Estado y sus organismos podrán desarrollar actividades empresariales o participar en ellas sólo si una ley de quórum calificado los autoriza. En tal caso, esas actividades estarán sometidas a la legislación común aplicable a los particulares, sin perjuicio de las excepciones que por motivos justificados establezca la ley, la que deberá ser, asimismo, de quórum calificado;

22°.- La no discriminación arbitraria en el trato que deben dar el Estado y sus organismos en materia económica.

Sólo en virtud de una ley, y siempre que no signifique tal discriminación, se podrán autorizar determinados beneficios directos o indirectos en favor de algún sector, actividad o zona geográfica, o establecer gravámenes especiales que afecten a uno u otras. En el caso de las franquicias o beneficios indirectos, la estimación del costo de éstos deberá incluirse anualmente en la Ley de Presupuestos;

23°.- La libertad para adquirir el dominio de toda clase de bienes, excepto aquellos que la naturaleza ha hecho comunes a todos los hombres o que deban pertenecer a la Nación toda y la ley lo declare así. Lo anterior es sin perjuicio de lo prescrito en otros preceptos de esta Constitución.

Una ley de quórum calificado y cuando así lo exija el interés nacional puede establecer limitaciones o requisitos para la adquisición del dominio de algunos bienes;

24º.- El derecho de propiedad en sus diversas especies sobre toda clase de bienes corporales o incorporales.

Sólo la ley puede establecer el modo de adquirir la propiedad, de usar, gozar y disponer de ella y las limitaciones y obligaciones que deriven de su función social. Esta comprende cuanto exijan los intereses generales de la Nación, la seguridad nacional, la utilidad y la salubridad públicas y la conservación del patrimonio ambiental.

Nadie puede, en caso alguno, ser privado de su propiedad, del bien sobre que recae o de alguno de los atributos o facultades esenciales del dominio, sino en virtud de ley general o especial que autorice la expropiación por causa de utilidad pública o de interés nacional, calificada por el legislador. El expropiado podrá reclamar de la legalidad del acto expropiatorio ante los tribunales ordinarios y tendrá siempre derecho a indemnización por el daño patrimonial efectivamente causado, la que se fijará de común acuerdo o en sentencia dictada conforme a derecho por dichos tribunales.

A falta de acuerdo, la indemnización deberá ser pagada en dinero efectivo al contado.

La toma de posesión material del bien expropiado tendrá lugar previo pago del total de la indemnización, la que, a falta de acuerdo, será determinada provisionalmente por peritos en la forma que señale la ley. En caso de reclamo acerca de la procedencia de la expropiación, el juez podrá, con el mérito de los antecedentes que se invoquen, decretar la suspensión de la toma de posesión.

El Estado tiene el dominio absoluto, exclusivo, inalienable e imprescriptible de todas las minas, comprendiéndose en éstas las covaderas, las arenas metalíferas, los salares, los depósitos de carbón e hidrocarburos y las demás sustancias fósiles, con excepción de las arcillas superficiales, no obstante la propiedad de las personas naturales o jurídicas sobre los terrenos en cuyas entrañas estuvieren situadas. Los predios superficiales estarán sujetos a las obligaciones y limitaciones que la ley señale para facilitar la exploración, la explotación y el beneficio de dichas minas.

Corresponde a la ley determinar qué sustancias de aquellas a que se refiere el inciso precedente, exceptuados los hidrocarburos líquidos o gaseosos, pueden ser objeto de concesiones de exploración o de explotación. Dichas concesiones se constituirán siempre por resolución judicial y tendrán la duración, conferirán los derechos e impondrán las obligaciones que la ley exprese, la que tendrá el carácter de orgánica constitucional. La concesión minera obliga al dueño a desarrollar la actividad necesaria para satisfacer el interés público que justifica su otorgamiento. Su régimen de amparo será establecido por dicha ley, tenderá directa o indirectamente a obtener el cumplimiento de esa obligación y contemplará causales de caducidad para el caso de incumplimiento o de simple extinción del dominio sobre la concesión. En todo caso dichas causales y sus efectos deben estar establecidos al momento de otorgarse la concesión.

Será de competencia exclusiva de los tribunales ordinarios de justicia declarar la extinción de tales concesiones. Las controversias que se produzcan respecto de la caducidad o extinción del dominio sobre la concesión serán resueltas por ellos; y en caso de caducidad, el afectado podrá requerir de la justicia la declaración de subsistencia de su derecho.

El dominio del titular sobre su concesión minera está protegido por la garantía constitucional de que trata este número.

La exploración, la explotación o el beneficio de los yacimientos que contengan sustancias no susceptibles de concesión, podrán ejecutarse directamente por el Estado o por sus empresas, o por medio de concesiones administrativas o de contratos especiales de operación, con los requisitos y bajo las condiciones que el Presidente de la República fije, para cada caso, por decreto supremo. Esta norma se aplicará también a los yacimientos de cualquier especie existentes en las aguas marítimas sometidas a la jurisdicción nacional y a los situados, en todo o en parte, en zonas que, conforme a la ley, se determinen como de importancia para la seguridad nacional. El Presidente de la República podrá poner término, en cualquier tiempo, sin expresión de causa y con la indemnización que corresponda, a las concesiones administrativas o a los contratos de operación relativos a explotaciones ubicadas en zonas declaradas de importancia para la seguridad nacional.

Los derechos de los particulares sobre las aguas, reconocidos o constituidos en conformidad a la ley, otorgarán a sus titulares la propiedad sobre ellos;

25°.- La libertad de crear y difundir las artes, así como el derecho del autor sobre sus creaciones intelectuales y artísticas de cualquier especie, por el tiempo que señale la ley y que no será inferior al de la vida del titular.

El derecho de autor comprende la propiedad de las obras y otros derechos, como la paternidad, la edición y la integridad de la obra, todo ello en conformidad a la ley.

Se garantiza, también, la propiedad industrial sobre las patentes de invención, marcas comerciales, modelos, procesos tecnológicos u otras creaciones análogas, por el tiempo que establezca la ley.

Será aplicable a la propiedad de las creaciones intelectuales y artísticas y a la propiedad industrial lo prescrito en los incisos segundo, tercero, cuarto y quinto del número anterior, y

26°.- La seguridad de que los preceptos legales que por mandato de la Constitución regulen o complementen las garantías que ésta establece o que las limiten en los casos en que ella lo autoriza, no podrán afectar los derechos en su esencia, ni imponer condiciones, tributos o requisitos que impidan su libre ejercicio.

Artículo 20.- El que por causa de actos u omisiones arbitrarios o ilegales sufra privación, perturbación o amenaza en el legítimo ejercicio de los derechos y garantías establecidos en el artículo 19, números 1°, 2°, 3° inciso quinto, 4°, 5°, 6°, 9° inciso final, 11°, 12°, 13°, 15°, 16° en lo relativo a la libertad de trabajo y al derecho a su libre elección y libre contratación, y a lo establecido en el inciso cuarto, 19°, 21°, 22°, 23°, 24°, y 25° podrá ocurrir por sí o por cualquiera a su nombre, a la Corte de Apelaciones respectiva, la que adoptará de inmediato las providencias que juzgue necesarias para restablecer el imperio del derecho y asegurar la debida protección del afectado, sin perjuicio de los demás derechos que pueda hacer valer ante la autoridad o los tribunales correspondientes.

Procederá, también, el recurso de protección en el caso del N°8° del artículo 19, cuando el derecho a vivir en un medio ambiente libre de contaminación sea afectado por un acto u omisión ilegal imputable a una autoridad o persona determinada.

Artículo 21.- Todo individuo que se hallare arrestado, detenido o preso con infracción de lo dispuesto en la Constitución o en las leyes, podrá ocurrir por sí, o por cualquiera a su nombre, a la magistratura que señale la ley, a fin de que ésta ordene se guarden las formalidades legales y adopte de inmediato las providencias que juzgue necesarias para restablecer el imperio del derecho y asegurar la debida protección del afectado.

Esa magistratura podrá ordenar que el individuo sea traído a su presencia y su decreto será precisamente obedecido por todos los encargados de las cárceles o lugares de detención. Instruida de los antecedentes, decretará su libertad inmediata o hará que se reparen los defectos legales o pondrá al individuo a disposición del juez competente, procediendo en todo breve y sumariamente, y corrigiendo por sí esos defectos o dando cuenta a quien corresponda para que los corrija.

El mismo recurso, y en igual forma, podrá ser deducido en favor de toda persona que ilegalmente sufra cualquiera otra privación, perturbación o amenaza en su derecho a la libertad personal y seguridad individual. La respectiva magistratura dictará en tal caso las medidas indicadas en los incisos anteriores que estime conducentes para restablecer el imperio del derecho y asegurar la debida protección del afectado.

Artículo 22.- Todo habitante de la República debe respeto a Chile y a sus emblemas nacionales.

Los chilenos tienen el deber fundamental de honrar a la patria, de defender su soberanía y de contribuir a preservar la seguridad nacional y los valores esenciales de la tradición chilena.

El servicio militar y demás cargas personales que imponga la ley son obligatorios en los términos y formas que ésta determine.

Los chilenos en estado de cargar armas deberán hallarse inscritos en los Registros Militares, si no están legalmente exceptuados.

Artículo 23.- Los grupos intermedios de la comunidad y sus dirigentes que hagan mal uso de la autonomía que la Constitución les reconoce, interviniendo indebidamente en actividades ajenas a sus fines específicos, serán sancionados en conformidad a la ley. Son incompatibles los cargos directivos superiores de las organizaciones gremiales con los cargos directivos superiores, nacionales y regionales, de los partidos políticos.

La ley establecerá las sanciones que corresponda aplicar a los dirigentes gremiales que intervengan en actividades político partidistas y a los dirigentes de los partidos políticos, que interfieran en el funcionamiento de las organizaciones gremiales y demás grupos intermedios que la propia ley señale.

Capítulo IV
GOBIERNO

Presidente de la República

Artículo 24.- El gobierno y la administración del Estado corresponden al Presidente de la República, quien es el Jefe del Estado.

Su autoridad se extiende a todo cuanto tiene por objeto la conservación del orden público en el interior y la seguridad externa de la República, de acuerdo con la Constitución y las leyes.

El 1 de junio de cada año, el Presidente de la República dará cuenta al país del estado administrativo y político de la Nación ante el Congreso Pleno.

Artículo 25.- Para ser elegido Presidente de la República se requiere tener la nacionalidad chilena de acuerdo a lo dispuesto en los números 1° ó 2° del artículo 10; tener cumplidos treinta y cinco años de edad y poseer las demás calidades necesarias para ser ciudadano con derecho a sufragio.

El Presidente de la República durará en el ejercicio de sus funciones por el término de cuatro años y no podrá ser reelegido para el período siguiente.

El Presidente de la República no podrá salir del territorio nacional por más de treinta días ni a contar del día señalado en el inciso primero del artículo siguiente, sin acuerdo del Senado.

En todo caso, el Presidente de la República comunicará con la debida anticipación al Senado su decisión de ausentarse del territorio y los motivos que la justifican.

Artículo 26.- El Presidente de la República será elegido en votación directa y por mayoría absoluta de los sufragios válidamente emitidos. La elección se efectuará conjuntamente con la de parlamentarios, en la forma que determine la ley orgánica constitucional respectiva, el tercer domingo de noviembre del año anterior a aquel en que deba cesar en el cargo el que esté en funciones.

Si a la elección de Presidente de la República se presentaren más de dos candidatos y ninguno de ellos obtuviere más de la mitad de los sufragios válidamente emitidos, se procederá a una segunda votación que se circunscribirá a los candidatos que hayan obtenido las dos más altas mayorías relativas y en ella resultará electo aquél de los candidatos que obtenga el mayor número de sufragios. Esta nueva votación se verificará, en la forma que determine la ley, el cuarto domingo después de efectuada la primera.

Para los efectos de lo dispuesto en los dos incisos precedentes, los votos en blanco y los nulos se considerarán como no emitidos.

En caso de muerte de uno o de ambos candidatos a que se refiere el inciso segundo, el Presidente de la República convocará a una nueva elección dentro del plazo de diez días, contado desde la fecha del deceso. La elección se celebrará noventa días después de la convocatoria si ese día correspondiere a un domingo. Si así no fuere, ella se realizará el domingo inmediatamente siguiente.

Si expirase el mandato del Presidente de la República en ejercicio antes de la fecha de asunción del Presidente que se elija en conformidad al inciso anterior, se aplicará, en lo pertinente, la norma contenida en el inciso primero del artículo 28.

Artículo 27.- El proceso de calificación de la elección presidencial deberá quedar concluido dentro de los quince días siguientes tratándose de la primera votación o dentro de los treinta días siguientes tratándose de la segunda votación.

El Tribunal Calificador de Elecciones comunicará de inmediato al Presidente del Senado la proclamación de Presidente electo que haya efectuado.

El Congreso Pleno, reunido en sesión pública el día en que deba cesar en su cargo el Presidente en funciones y con los miembros que asistan, tomará conocimiento de la resolución en virtud de la cual el Tribunal Calificador de Elecciones proclama al Presidente electo.

En este mismo acto, el Presidente electo prestará ante el Presidente del Senado, juramento o promesa de desempeñar fielmente el cargo de Presidente de la República, conservar la independencia de la Nación, guardar y hacer guardar la Constitución y las leyes, y de inmediato asumirá sus funciones.

Artículo 28.- Si el Presidente electo se hallare impedido para tomar posesión del cargo, asumirá, mientras tanto, con el título de Vicepresidente de la República, el Presidente del Senado; a falta de éste, el Presidente de la Cámara de Diputados, y a falta de éste, el Presidente de la Corte Suprema.

Con todo, si el impedimento del Presidente electo fuere absoluto o debiere durar indefinidamente, el Vicepresidente, en los diez días siguientes al acuerdo del Senado adoptado en conformidad al artículo 53 Nº 7º, convocará a una nueva elección presidencial que se celebrará noventa días después de la convocatoria si ese día correspondiere a un domingo. Si así no fuere, ella se realizará el domingo inmediatamente siguiente. El Presidente de la República así elegido asumirá sus funciones en la oportunidad que señale esa ley, y durará en el ejercicio de ellas hasta el día en que le habría correspondido cesar en el cargo al electo que no pudo asumir y cuyo impedimento hubiere motivado la nueva elección.

Artículo 29.- Si por impedimento temporal, sea por enfermedad, ausencia del territorio u otro grave motivo, el Presidente de la República no pudiere ejercer su cargo, le subrogará, con el título de Vicepresidente de la República, el Ministro titular a quien corresponda de acuerdo con el orden de precedencia legal. A falta de éste, la subrogación corresponderá al Ministro titular que siga en ese orden de precedencia y, a falta de todos ellos, le subrogarán sucesivamente el Presidente del Senado, el Presidente de la Cámara de Diputados y el Presidente de la Corte Suprema.

En caso de vacancia del cargo de Presidente de la República, se producirá la subrogación como en las situaciones del inciso anterior, y se procederá a elegir sucesor en conformidad a las reglas de los incisos siguientes.

Si la vacancia se produjere faltando menos de dos años para la próxima elección presidencial, el Presidente será elegido por el Congreso Pleno por la mayoría absoluta de los senadores y diputados en ejercicio. La elección por el Congreso será hecha dentro de los diez días siguientes a la fecha de la vacancia y el elegido asumirá su cargo dentro de los treinta días siguientes.

Si la vacancia se produjere faltando dos años o más para la próxima elección presidencial, el Vicepresidente, dentro de los diez primeros días de su mandato, convocará a los ciudadanos a elección presidencial para ciento veinte días después de la convocatoria, si ese día correspondiere a un domingo. Si así no fuere, ella se realizará el domingo inmediatamente siguiente. El Presidente que resulte elegido asumirá su cargo el décimo día después de su proclamación.

El Presidente elegido conforme a alguno de los incisos precedentes durará en el cargo hasta completar el período que restaba a quien se reemplace y no podrá postular como candidato a la elección presidencial siguiente.

Artículo 30.- El Presidente cesará en su cargo el mismo día en que se complete su período y le sucederá el recientemente elegido.

El que haya desempeñado este cargo por el período completo, asumirá, inmediatamente y de pleno derecho, la dignidad oficial de Ex Presidente de la República.

En virtud de esta calidad, le serán aplicables las disposiciones de los incisos segundo, tercero y cuarto del artículo 61 y el artículo 62.

No la alcanzará el ciudadano que llegue a ocupar el cargo de Presidente de la República por vacancia del mismo ni quien haya sido declarado culpable en juicio político seguido en su contra.

El Ex Presidente de la República que asuma alguna función remunerada con fondos públicos, dejará, en tanto la desempeñe, de percibir la dieta, manteniendo, en todo caso, el fuero. Se exceptúan los empleos docentes y las funciones o comisiones de igual carácter de la enseñanza superior, media y especial.

Artículo 31.- El Presidente designado por el Congreso Pleno o, en su caso, el Vicepresidente de la República tendrá todas las atribuciones que esta Constitución confiere al Presidente de la República.

Artículo 32.- Son atribuciones especiales del Presidente de la República:

1°.- Concurrir a la formación de las leyes con arreglo a la Constitución, sancionarlas y promulgarlas;

2°.- Pedir, indicando los motivos, que se cite a sesión a cualquiera de las ramas del Congreso Nacional. En tal caso, la sesión deberá celebrarse a la brevedad posible;

3°.- Dictar, previa delegación de facultades del Congreso, decretos con fuerza de ley sobre las materias que señala la Constitución;

4°.- Convocar a plebiscito en los casos del artículo 128;

5°.- Declarar los estados de excepción constitucional en los casos y formas que se señalan en esta Constitución;

6°.- Ejercer la potestad reglamentaria en todas aquellas materias que no sean propias del dominio legal, sin perjuicio de la facultad de dictar los demás reglamentos, decretos e instrucciones que crea convenientes para la ejecución de las leyes;

7°.- Nombrar y remover a su voluntad a los ministros de Estado, subsecretarios, delegados presidenciales regionales y delegados presidenciales provinciales;

8°.- Designar a los embajadores y ministros diplomáticos, y a los representantes ante organismos internacionales. Tanto estos funcionarios como los señalados en el N° 7° precedente, serán de la confianza exclusiva del Presidente de la República y se mantendrán en sus puestos mientras cuenten con ella;

9°.- Nombrar al Contralor General de la República con acuerdo del Senado;

10°.- Nombrar y remover a los funcionarios que la ley denomina como de su exclusiva confianza y proveer los demás empleos civiles en conformidad a la ley. La remoción de los demás funcionarios se hará de acuerdo a las disposiciones que ésta determine;

11°.- Conceder jubilaciones, retiros, montepíos y pensiones de gracia, con arreglo a las leyes;

12°.- Nombrar a los magistrados y fiscales judiciales de las Cortes de Apelaciones y a los jueces letrados, a proposición de la Corte Suprema y de las Cortes de Apelaciones, respectivamente; a los miembros del Tribunal Constitucional que le corresponde designar; y a los magistrados y fiscales judiciales de la Corte Suprema y al Fiscal Nacional, a proposición de dicha Corte y con acuerdo del Senado, todo ello conforme a lo prescrito en esta Constitución;

13°.- Velar por la conducta ministerial de los jueces y demás empleados del Poder Judicial y requerir, con tal objeto, a la Corte Suprema para que, si procede, declare su mal comportamiento, o al ministerio público, para que reclame medidas disciplinarias del tribunal competente, o para que, si hubiere mérito bastante, entable la correspondiente acusación;

14°.- Otorgar indultos particulares en los casos y formas que determine la ley. El indulto será improcedente en tanto no se haya dictado sentencia ejecutoriada en el respectivo proceso. Los funcionarios acusados por la Cámara de Diputados y condenados por el Senado, sólo pueden ser indultados por el Congreso;

15°.- Conducir las relaciones políticas con las potencias extranjeras y organismos internacionales, y llevar a cabo las negociaciones; concluir, firmar y ratificar los tratados que estime convenientes para los intereses del país, los que deberán ser sometidos a la aprobación del Congreso conforme a lo prescrito en el artículo 54 N° 1°. Las discusiones y deliberaciones sobre estos objetos serán secretos si el Presidente de la República así lo exigiere;

16°.- Designar y remover a los Comandantes en Jefe del Ejército, de la Armada, de la Fuerza Aérea y al General Director de Carabineros en conformidad al artículo 104, y disponer los nombramientos, ascensos y retiros de los Oficiales de las Fuerzas Armadas y de Carabineros en la forma que señala el artículo 105;

17°.- Disponer de las fuerzas de aire, mar y tierra, organizarlas y distribuirlas de acuerdo con las necesidades de la seguridad nacional;

18°.- Asumir, en caso de guerra, la jefatura suprema de las Fuerzas Armadas;

19°.- Declarar la guerra, previa autorización por ley, debiendo dejar constancia de haber oído al Consejo de Seguridad Nacional, y

20°.- Cuidar de la recaudación de las rentas públicas y decretar su inversión con arreglo a la ley. El Presidente de la República, con la firma de todos los Ministros de Estado, podrá decretar pagos no autorizados por ley, para atender necesidades impostergables derivadas de calamidades públicas, de agresión exterior, de conmoción interna, de grave daño o peligro para la seguridad nacional o del agotamiento de los recursos destinados a mantener servicios que no puedan paralizarse sin serio perjuicio para el país. El total de los giros que se hagan con estos objetos no podrá exceder anualmente del dos por ciento (2%) del monto de los gastos que autorice la Ley de Presupuestos. Se podrá contratar empleados con cargo a esta misma ley, pero sin que el ítem respectivo pueda ser incrementado ni disminuido mediante traspasos. Los Ministros de Estado o funcionarios que autoricen o den curso a gastos que contravengan lo dispuesto en este número serán responsables solidaria y personalmente de su reintegro, y culpables del delito de malversación de caudales públicos.

21°.- Disponer, mediante decreto supremo fundado, suscrito por los Ministros del Interior y Seguridad Pública y de Defensa Nacional, que las Fuerzas Armadas se hagan cargo de la protección de la infraestructura crítica del país cuando exista peligro grave o inminente a su respecto, determinando aquella que debe ser protegida. La protección comenzará a regir desde la fecha de publicación de este decreto en el Diario Oficial.

La infraestructura crítica comprende el conjunto de instalaciones, sistemas físicos o servicios esenciales y de utilidad pública, así como aquellos cuya afectación cause un grave daño a la salud o al abastecimiento de la población, a la actividad económica esencial, al medioambiente o a la seguridad del país. Se entiende por este concepto la infraestructura indispensable para la generación, transmisión, transporte, producción, almacenamiento y distribución de los servicios e insumos básicos para la población, tales como energía, gas, agua o telecomunicaciones; la relativa a la conexión vial, aérea, terrestre, marítima, portuaria o ferroviaria, y la correspondiente a servicios de utilidad pública, como los sistemas de asistencia sanitaria o de salud. Una ley regulará las obligaciones a las que estarán sometidos los organismos públicos y entidades privadas a cargo de la infraestructura crítica del país, así como los criterios específicos para la identificación de la misma.

El Presidente de la República, a través del decreto supremo señalado en el párrafo primero, designará a un oficial general de las Fuerzas Armadas que tendrá el mando de las Fuerzas Armadas y de Orden y Seguridad Pública dispuestas para la protección de la infraestructura crítica en las áreas especificadas en dicho acto. Los jefes designados para el mando de las fuerzas tendrán la responsabilidad del resguardo del orden público en las áreas determinadas, de acuerdo con las instrucciones que establezca el Ministerio del Interior y Seguridad Pública en el decreto supremo dictado en conformidad con la ley.

El ejercicio de esta atribución no implicará la suspensión, restricción o limitación de los derechos y garantías consagrados en esta Constitución o en tratados internacionales sobre derechos humanos ratificados por Chile y que se encuentren vigentes. Sin perjuicio de lo anterior, las afectaciones sólo podrán enmarcarse en el ejercicio de las facultades de resguardo del orden público y emanarán de las atribuciones que la ley les otorgue a las fuerzas para ejecutar la medida, procediendo exclusivamente dentro de los límites territoriales de protección de la infraestructura crítica que se fijen, sujeta a los procedimientos establecidos en la legalidad vigente y en las reglas del uso de la fuerza que se fijen al efecto para el cumplimiento del deber.

Esta medida se extenderá por un plazo máximo de noventa días, sin perjuicio de que pueda prorrogarse por iguales períodos con acuerdo del Congreso Nacional, mientras persista el peligro grave o inminente que dio lugar a su ejercicio. El Presidente de la República deberá informar al Congreso Nacional, al término de cada período, de las medidas adoptadas y de los efectos o consecuencias de la ejecución de esta atribución.

La atribución especial contenida en este numeral también se podrá utilizar para el resguardo de áreas de las zonas fronterizas del país, de acuerdo a las instrucciones contenidas en el decreto supremo que se dicte en conformidad con la ley.

Ministros de Estado

Artículo 33.- Los Ministros de Estado son los colaboradores directos e inmediatos del Presidente de la República en el gobierno y administración del Estado.

La ley determinará el número y organización de los Ministerios, como también el orden de precedencia de los Ministros titulares.

El Presidente de la República podrá encomendar a uno o más Ministros la coordinación de la labor que corresponde a los Secretarios de Estado y las relaciones del Gobierno con el Congreso Nacional.

Artículo 34.- Para ser nombrado Ministro se requiere ser chileno, tener cumplidos veintiún años de edad y reunir los requisitos generales para el ingreso a la Administración Pública.

En los casos de ausencia, impedimento o renuncia de un Ministro, o cuando por otra causa se produzca la vacancia del cargo, será reemplazado en la forma que establezca la ley.

Artículo 35.- Los reglamentos y decretos del Presidente de la República deberán firmarse por el Ministro respectivo y no serán obedecidos sin este esencial requisito.

Los decretos e instrucciones podrán expedirse con la sola firma del Ministro respectivo, por orden del Presidente de la República, en conformidad a las normas que al efecto establezca la ley.

Artículo 36.- Los Ministros serán responsables individualmente de los actos que firmaren y solidariamente de los que suscribieren o acordaren con los otros Ministros.

Artículo 37.- Los Ministros podrán, cuando lo estimaren conveniente, asistir a las sesiones de la Cámara de Diputados o del Senado, y tomar parte en sus debates, con preferencia para hacer uso de la palabra, pero sin derecho a voto. Durante la votación podrán, sin embargo, rectificar los conceptos emitidos por cualquier diputado o senador al fundamentar su voto.

Sin perjuicio de lo anterior, los Ministros deberán concurrir personalmente a las sesiones especiales que la Cámara de Diputados o el Senado convoquen para informarse sobre asuntos que, perteneciendo al ámbito de atribuciones de las correspondientes Secretarías de Estado, acuerden tratar.

Artículo 37 bis. A los Ministros les serán aplicables las incompatibilidades establecidas en el inciso primero del artículo 58. Por el solo hecho de aceptar el nombramiento, el Ministro cesará en el cargo, empleo, función o comisión incompatible que desempeñe.

Durante el ejercicio de su cargo, los Ministros estarán sujetos a la prohibición de celebrar o caucionar contratos con el Estado, actuar como abogados o mandatarios en cualquier clase de juicio o como procurador o agente en gestiones particulares de carácter administrativo, ser director de bancos o de alguna sociedad anónima y ejercer cargos de similar importancia en estas actividades.

Bases generales de la Administración del Estado

Artículo 38.- Una ley orgánica constitucional determinará la organización básica de la Administración Pública, garantizará la carrera funcionaria y los principios de carácter técnico y profesional en que deba fundarse, y asegurará tanto la igualdad de oportunidades de ingreso a ella como la capacitación y el perfeccionamiento de sus integrantes.

Cualquier persona que sea lesionada en sus derechos por la Administración del Estado, de sus organismos o de las municipalidades, podrá reclamar ante los tribunales que determine la ley, sin perjuicio de la responsabilidad que pudiere afectar al funcionario que hubiere causado el daño.

Artículo 38 bis.- Las remuneraciones del Presidente de la República, de los senadores y diputados, de los gobernadores regionales, de los funcionarios de exclusiva confianza del Jefe del Estado que señalan los números 7° y 10° del artículo 32 y de los contratados sobre la base de honorarios que asesoren directamente a las autoridades gubernativas ya indicadas, serán fijadas, cada cuatro años y con a lo menos dieciocho meses de anticipación al término de un período presidencial, por una comisión cuyo funcionamiento, organización, funciones y atribuciones establecerá una ley orgánica constitucional.

La comisión estará integrada por las siguientes personas:

a) Un ex Ministro de Hacienda.

b) Un ex Consejero del Banco Central.

c) Un ex Contralor o Subcontralor de la Contraloría General de la República.

d) Un ex Presidente de una de las ramas que integran el Congreso Nacional.

e) Un ex Director Nacional del Servicio Civil.

Sus integrantes serán designados por el Presidente de la República con el acuerdo de los dos tercios de los senadores en ejercicio.

Los acuerdos de la comisión serán públicos, se fundarán en antecedentes técnicos y deberán establecer una remuneración que garantice una retribución adecuada a la responsabilidad del cargo y la independencia para cumplir sus funciones y atribuciones.

Estados de excepción constitucional

Artículo 39.- El ejercicio de los derechos y garantías que la Constitución asegura a todas las personas sólo puede ser afectado bajo las siguientes situaciones de excepción: guerra externa o interna, conmoción interior, emergencia y calamidad pública, cuando afecten gravemente el normal desenvolvimiento de las instituciones del Estado.

Artículo 40.- El estado de asamblea, en caso de guerra exterior, y el estado de sitio, en caso de guerra interna o grave conmoción interior, lo declarará el Presidente de la República, con acuerdo del Congreso Nacional. La declaración deberá determinar las zonas afectadas por el estado de excepción correspondiente.

El Congreso Nacional, dentro del plazo de cinco días contado desde la fecha en que el Presidente de la República someta la declaración de estado de asamblea o de sitio a su consideración, deberá pronunciarse aceptando o rechazando la proposición, sin que pueda introducirle modificaciones. Si el Congreso no se pronunciara dentro de dicho plazo, se entenderá que aprueba la proposición del Presidente.

Sin embargo, el Presidente de la República podrá aplicar el estado de asamblea o de sitio de inmediato mientras el Congreso se pronuncia sobre la declaración, pero en este último estado sólo podrá restringir el ejercicio del derecho de reunión. Las medidas que adopte el Presidente de la República en tanto no se reúna el Congreso Nacional, podrán ser objeto de revisión por los tribunales de justicia, sin que sea aplicable, entre tanto, lo dispuesto en el artículo 45.

La declaración de estado de sitio sólo podrá hacerse por un plazo de quince días, sin perjuicio de que el Presidente de la República solicite su prórroga. El estado de asamblea mantendrá su vigencia por el tiempo que se extienda la situación de guerra exterior, salvo que el Presidente de la República disponga su suspensión con anterioridad.

Artículo 41.- El estado de catástrofe, en caso de calamidad pública, lo declarará el Presidente de la República, determinando la zona afectada por la misma.

El Presidente de la República estará obligado a informar al Congreso Nacional de las medidas adoptadas en virtud del estado de catástrofe. El Congreso Nacional podrá dejar sin efecto la declaración transcurridos ciento ochenta días desde ésta si las razones que la motivaron hubieran cesado en forma absoluta. Con todo, el Presidente de la República sólo podrá declarar el estado de catástrofe por un período superior a un año con acuerdo del Congreso Nacional. El referido acuerdo se tramitará en la forma establecida en el inciso segundo del artículo 40.

Declarado el estado de catástrofe, las zonas respectivas quedarán bajo la dependencia inmediata del Jefe de la Defensa Nacional que designe el Presidente de la República. Este asumirá la dirección y supervigilancia de su jurisdicción con las atribuciones y deberes que la ley señale.

Artículo 42.- El estado de emergencia, en caso de grave alteración del orden público o de grave daño para la seguridad de la Nación, lo declarará el Presidente de la República, determinando las zonas afectadas por dichas circunstancias. El estado de emergencia no podrá extenderse por más de quince días, sin perjuicio de que el Presidente de la República pueda prorrogarlo por igual período. Sin embargo, para sucesivas prórrogas, el Presidente requerirá siempre del acuerdo del Congreso Nacional. El referido acuerdo se tramitará en la forma establecida en el inciso segundo del artículo 40.

Declarado el estado de emergencia, las zonas respectivas quedarán bajo la dependencia inmediata del Jefe de la Defensa Nacional que designe el Presidente de la República. Este asumirá la dirección y supervigilancia de su jurisdicción con las atribuciones y deberes que la ley señale.

El Presidente de la República estará obligado a informar al Congreso Nacional de las medidas adoptadas en virtud del estado de emergencia.

Sin perjuicio de lo anterior, a contar de la sexta prórroga sucesiva, el Presidente de la República podrá prorrogarlo por períodos de treinta días, para lo cual requerirá siempre del acuerdo del Congreso Nacional, en los términos del inciso primero.

Una vez decretada la prórroga en la forma prevista en el inciso precedente, la información a que alude el inciso tercero será evacuada cada quince días, mediante un informe escrito dirigido a ambas Cámaras.

Con todo, una vez autorizada la prórroga en los términos del inciso cuarto, el Congreso Nacional podrá, por la mayoría absoluta de los senadores y diputados en ejercicio, revocar el acuerdo.

En el caso del inciso anterior, la solicitud de revocación deberá ser pedida por la cuarta parte de los diputados o senadores en ejercicio.

Artículo 43.- Por la declaración del estado de asamblea, el Presidente de la República queda facultado para suspender o restringir la libertad personal, el derecho de reunión y la libertad de trabajo. Podrá, también, restringir el ejercicio del derecho de asociación, interceptar, abrir o registrar documentos y toda clase de comunicaciones, disponer requisiciones de bienes y establecer limitaciones al ejercicio del derecho de propiedad.

Por la declaración de estado de sitio, el Presidente de la República podrá restringir la libertad de locomoción y arrestar a las personas en sus propias moradas o en lugares que la ley determine y que no sean cárceles ni estén destinados a la detención o prisión de reos comunes. Podrá, además, suspender o restringir el ejercicio del derecho de reunión.

Por la declaración del estado de catástrofe, el Presidente de la República podrá restringir las libertades de locomoción y de reunión. Podrá, asimismo, disponer requisiciones de bienes, establecer limitaciones al ejercicio del derecho de propiedad y adoptar todas las medidas extraordinarias de carácter administrativo que sean necesarias para el pronto restablecimiento de la normalidad en la zona afectada.

Por la declaración del estado de emergencia, el Presidente de la República podrá restringir las libertades de locomoción y de reunión.

Artículo 44.- Una ley orgánica constitucional regulará los estados de excepción, así como su declaración y la aplicación de las medidas legales y administrativas que procediera adoptar bajo aquéllos. Dicha ley contemplará lo estrictamente necesario para el pronto restablecimiento de la normalidad constitucional y no podrá afectar las competencias y el funcionamiento de los órganos constitucionales ni los derechos e inmunidades de sus respectivos titulares.

Las medidas que se adopten durante los estados de excepción no podrán, bajo ninguna circunstancia, prolongarse más allá de la vigencia de los mismos.

Artículo 45.- Los tribunales de justicia no podrán calificar los fundamentos ni las circunstancias de hecho invocados por la autoridad para decretar los estados de excepción, sin perjuicio de lo dispuesto en el artículo 39. No obstante, respecto de las medidas particulares que afecten derechos constitucionales, siempre existirá la garantía de recurrir ante las autoridades judiciales a través de los recursos que corresponda.

Las requisiciones que se practiquen darán lugar a indemnizaciones en conformidad a la ley. También darán derecho a indemnización las limitaciones que se impongan al derecho de propiedad cuando importen privación de alguno de sus atributos o facultades esenciales y con ello se cause daño.

Capítulo V
CONGRESO NACIONAL

Artículo 46.- El Congreso Nacional se compone de dos ramas: la Cámara de Diputados y el Senado. Ambas concurren a la formación de las leyes en conformidad a esta Constitución y tienen las demás atribuciones que ella establece.

Composición y generación de la Cámara de Diputados y del Senado

Artículo 47.- La Cámara de Diputados está integrada por miembros elegidos en votación directa por distritos electorales. La ley orgánica constitucional respectiva determinará el número de diputados, los distritos electorales y la forma de su elección.

La Cámara de Diputados se renovará en su totalidad cada cuatro años.

Artículo 48.- Para ser elegido diputado se requiere ser ciudadano con derecho a sufragio, tener cumplidos veintiún años de edad, haber cursado la enseñanza media o equivalente, y tener residencia en la región a que pertenezca el distrito electoral correspondiente durante un plazo no inferior a dos años, contado hacia atrás desde el día de la elección.

Artículo 49.- El Senado se compone de miembros elegidos en votación directa por circunscripciones senatoriales, en consideración a las regiones del país, cada una de las cuales constituirá, a lo menos, una circunscripción. La ley orgánica constitucional respectiva determinará el número de Senadores, las circunscripciones senatoriales y la forma de su elección.

Los senadores durarán ocho años en su cargo y se renovarán alternadamente cada cuatro años, en la forma que determine la ley orgánica constitucional respectiva.

Artículo 50.- Para ser elegido senador se requiere ser ciudadano con derecho a sufragio, haber cursado la enseñanza media o equivalente y tener cumplidos treinta y cinco años de edad el día de la elección.

Artículo 51.- Se entenderá que los diputados tienen, por el solo ministerio de la ley, su residencia en la región correspondiente, mientras se encuentren en ejercicio de su cargo.

Las elecciones de diputados y de senadores se efectuarán conjuntamente.

Los diputados podrán ser reelegidos sucesivamente en el cargo hasta por dos períodos; los senadores podrán ser reelegidos sucesivamente en el cargo hasta por un período. Para estos efectos se entenderá que los diputados y senadores han ejercido su cargo durante un período cuando han cumplido más de la mitad de su mandato.

Las vacantes de diputados y las de senadores se proveerán con el ciudadano que señale el partido político al que pertenecía el parlamentario que produjo la vacante al momento de ser elegido.

Los parlamentarios elegidos como independientes no serán reemplazados.

Los parlamentarios elegidos como independientes que hubieren postulado integrando lista en conjunto con uno o más partidos políticos, serán reemplazados por el ciudadano que señale el partido indicado por el respectivo parlamentario al momento de presentar su declaración de candidatura.

El reemplazante deberá reunir los requisitos para ser elegido diputado o senador, según el caso. Con todo, un diputado podrá ser nominado para ocupar el puesto de un senador, debiendo aplicarse, en ese caso, las normas de los incisos anteriores para llenar la vacante que deja el diputado, quien al asumir su nuevo cargo cesará en el que ejercía.

El nuevo diputado o senador ejercerá sus funciones por el término que faltaba a quien originó la vacante.

En ningún caso procederán elecciones complementarias.

Atribuciones exclusivas de la Cámara de Diputados

Artículo 52.- Son atribuciones exclusivas de la Cámara de Diputados:

1) Fiscalizar los actos del Gobierno. Para ejercer esta atribución la Cámara puede:

a) Adoptar acuerdos o sugerir observaciones, con el voto de la mayoría de los diputados presentes, los que se transmitirán por escrito al Presidente de la República, quien deberá dar respuesta fundada por medio del Ministro de Estado que corresponda, dentro de treinta días.

Sin perjuicio de lo anterior, cualquier diputado, con el voto favorable de un tercio de los miembros presentes de la Cámara, podrá solicitar determinados antecedentes al Gobierno. El Presidente de la República contestará fundadamente por intermedio del Ministro de Estado que corresponda, dentro del mismo plazo señalado en el párrafo anterior.

En ningún caso los acuerdos, observaciones o solicitudes de antecedentes afectarán la responsabilidad política de los Ministros de Estado;

b) Citar a un Ministro de Estado, a petición de a lo menos un tercio de los diputados en ejercicio, a fin de formularle preguntas en relación con materias vinculadas al ejercicio de su cargo. Con todo, un mismo Ministro no podrá ser citado para este efecto más de tres veces dentro de un año calendario, sin previo acuerdo de la mayoría absoluta de los diputados en ejercicio.

La asistencia del Ministro será obligatoria y deberá responder a las preguntas y consultas que motiven su citación; y

c) Crear comisiones especiales investigadoras a petición de a lo menos dos quintos de los diputados en ejercicio, con el objeto de reunir informaciones relativas a determinados actos del Gobierno.

Las comisiones investigadoras, a petición de un tercio de sus miembros, podrán despachar citaciones y solicitar antecedentes. Los Ministros de Estado, los demás funcionarios de la Administración y el personal de las empresas del Estado o de aquéllas en que éste tenga participación mayoritaria, que sean citados por estas comisiones, estarán obligados a comparecer y a suministrar los antecedentes y las informaciones que se les soliciten.

No obstante, los Ministros de Estado no podrán ser citados más de tres veces a una misma comisión investigadora, sin previo acuerdo de la mayoría absoluta de sus miembros.

La ley orgánica constitucional del Congreso Nacional regulará el funcionamiento y las atribuciones de las comisiones investigadoras y la forma de proteger los derechos de las personas citadas o mencionadas en ellas.

2) Declarar si han o no lugar las acusaciones que no menos de diez ni más de veinte de sus miembros formulen en contra de las siguientes personas:

a) Del Presidente de la República, por actos de su administración que hayan comprometido gravemente el honor o la seguridad de la Nación, o infringido abiertamente la Constitución o las leyes. Esta acusación podrá interponerse mientras el Presidente esté en funciones y en los seis meses siguientes a su expiración en el cargo. Durante este último tiempo no podrá ausentarse de la República sin acuerdo de la Cámara;

b) De los Ministros de Estado, por haber comprometido gravemente el honor o la seguridad de la Nación, por infringir la Constitución o las leyes o haber dejado éstas sin ejecución, y por los delitos de traición, concusión, malversación de fondos públicos y soborno;

c) De los magistrados de los tribunales superiores de justicia y del Contralor General de la República, por notable abandono de sus deberes;

d) De los generales o almirantes de las instituciones pertenecientes a las Fuerzas de la Defensa Nacional, por haber comprometido gravemente el honor o la seguridad de la Nación, y

e) De los delegados presidenciales regionales, delegados presidenciales provinciales y de la autoridad que ejerza el Gobierno en los territorios especiales a que se refiere el artículo 126 bis, por infracción de la Constitución y por los delitos de traición, sedición, malversación de fondos públicos y concusión.

La acusación se tramitará en conformidad a la ley orgánica constitucional relativa al Congreso.

Las acusaciones referidas en las letras b), c), d) y e) podrán interponerse mientras el afectado esté en funciones o en los tres meses siguientes a la expiración en su cargo. Interpuesta la acusación, el afectado no podrá ausentarse del país sin permiso de la Cámara y no podrá hacerlo en caso alguno si la acusación ya estuviere aprobada por ella.

Para declarar que ha lugar la acusación en contra del Presidente de la República o de un gobernador regional se necesitará el voto de la mayoría de los diputados en ejercicio.

En los demás casos se requerirá el de la mayoría de los diputados presentes y el acusado quedará suspendido en sus funciones desde el momento en que la Cámara declare que ha lugar la acusación. La suspensión cesará si el Senado desestimare la acusación o si no se pronunciare dentro de los treinta días siguientes.

Atribuciones exclusivas del Senado

Artículo 53.- Son atribuciones exclusivas del Senado:

1) Conocer de las acusaciones que la Cámara de Diputados entable con arreglo al artículo anterior.

El Senado resolverá como jurado y se limitará a declarar si el acusado es o no culpable del delito, infracción o abuso de poder que se le imputa.

La declaración de culpabilidad deberá ser pronunciada por los dos tercios de los senadores en ejercicio cuando se trate de una acusación en contra del Presidente de la República o de un gobernador regional, y por la mayoría de los senadores en ejercicio en los demás casos.

Por la declaración de culpabilidad queda el acusado destituido de su cargo, y no podrá desempeñar ninguna función pública, sea o no de elección popular, por el término de cinco años.

El funcionario declarado culpable será juzgado de acuerdo a las leyes por el tribunal competente, tanto para la aplicación de la pena señalada al delito, si lo hubiere, cuanto para hacer efectiva la responsabilidad civil por los daños y perjuicios causados al Estado o a particulares;

2) Decidir si ha o no lugar la admisión de las acciones judiciales que cualquier persona pretenda iniciar en contra de algún Ministro de Estado, con motivo de los perjuicios que pueda haber sufrido injustamente por acto de éste en el desempeño de su cargo;

3) Conocer de las contiendas de competencia que se susciten entre las autoridades políticas o administrativas y los tribunales superiores de justicia;

4) Otorgar la rehabilitación de la ciudadanía en el caso del artículo 17, número 3° de esta Constitución;

5) Prestar o negar su consentimiento a los actos del Presidente de la República, en los casos en que la Constitución o la ley lo requieran.

Si el Senado no se pronunciare dentro de treinta días después de pedida la urgencia por el Presidente de la República, se tendrá por otorgado su asentimiento;

6) Otorgar su acuerdo para que el Presidente de la República pueda ausentarse del país por más de treinta días o a contar del día señalado en el inciso primero del artículo 26;

7) Declarar la inhabilidad del Presidente de la República o del Presidente electo cuando un impedimento físico o mental lo inhabilite para el ejercicio de sus funciones; y declarar asimismo, cuando el Presidente de la República haga dimisión de su cargo, si los motivos que la originan son o no fundados y, en consecuencia, admitirla o desecharla. En ambos casos deberá oír previamente al Tribunal Constitucional;

8) Aprobar, por la mayoría de sus miembros en ejercicio, la declaración del Tribunal Constitucional a que se refiere la segunda parte del N° 10° del artículo 93;

9) Aprobar, en sesión especialmente convocada al efecto y con el voto conforme de los dos tercios de los senadores en ejercicio, la designación de los ministros y fiscales judiciales de la Corte Suprema y del Fiscal Nacional, y

10) Dar su dictamen al Presidente de la República en los casos en que éste lo solicite.

El Senado, sus comisiones y sus demás órganos, incluidos los comités parlamentarios si los hubiere, no podrán fiscalizar los actos del Gobierno ni de las entidades que de él dependan, ni adoptar acuerdos que impliquen fiscalización.

Atribuciones exclusivas del Congreso

Artículo 54.- Son atribuciones del Congreso:

1) Aprobar o desechar los tratados internacionales que le presentare el Presidente de la República antes de su ratificación. La aprobación de un tratado requerirá, en cada Cámara, de los quórum que corresponda, en conformidad al artículo 66, y se someterá, en lo pertinente, a los trámites de una ley.

El Presidente de la República informará al Congreso sobre el contenido y el alcance del tratado, así como de las reservas que pretenda confirmar o formularle.

El Congreso podrá sugerir la formulación de reservas y declaraciones interpretativas a un tratado internacional, en el curso del trámite de su aprobación, siempre que ellas procedan de conformidad a lo previsto en el propio tratado o en las normas generales de derecho internacional.

Las medidas que el Presidente de la República adopte o los acuerdos que celebre para el cumplimiento de un tratado en vigor no requerirán de nueva aprobación del Congreso, a menos que se trate de materias propias de ley. No requerirán de aprobación del Congreso los tratados celebrados por el Presidente de la República en el ejercicio de su potestad reglamentaria.

Las disposiciones de un tratado sólo podrán ser derogadas, modificadas o suspendidas en la forma prevista en los propios tratados o de acuerdo a las normas generales de derecho internacional.

Corresponde al Presidente de la República la facultad exclusiva para denunciar un tratado o retirarse de él, para lo cual pedirá la opinión de ambas Cámaras del Congreso, en el caso de tratados que hayan sido aprobados por éste. Una vez que la denuncia o el retiro produzca sus efectos en conformidad a lo establecido en el tratado internacional, éste dejará de tener efecto en el orden jurídico chileno.

En el caso de la denuncia o el retiro de un tratado que fue aprobado por el Congreso, el Presidente de la República deberá informar de ello a éste dentro de los quince días de efectuada la denuncia o el retiro.

El retiro de una reserva que haya formulado el Presidente de la República y que tuvo en consideración el Congreso Nacional al momento de aprobar un tratado, requerirá previo acuerdo de éste, de conformidad a lo establecido en la ley orgánica constitucional respectiva. El Congreso Nacional deberá pronunciarse dentro del plazo de treinta días contados desde la recepción del oficio en que se solicita el acuerdo pertinente. Si no se pronunciare dentro de este término, se tendrá por aprobado el retiro de la reserva.

De conformidad a lo establecido en la ley, deberá darse debida publicidad a hechos que digan relación con el tratado internacional, tales como su entrada en vigor, la formulación y retiro de reservas, las declaraciones interpretativas, las objeciones a una reserva y su retiro, la denuncia del tratado, el retiro, la suspensión, la terminación y la nulidad del mismo.

En el mismo acuerdo aprobatorio de un tratado podrá el Congreso autorizar al Presidente de la República a fin de que, durante la vigencia de aquél, dicte las disposiciones con fuerza de ley que estime necesarias para su cabal cumplimiento, siendo en tal caso aplicable lo dispuesto en los incisos segundo y siguientes del artículo 64, y

2) Pronunciarse, cuando corresponda, respecto de los estados de excepción constitucional, en la forma prescrita por el inciso segundo del artículo 40.

Funcionamiento del Congreso

Artículo 55.- El Congreso Nacional se instalará e iniciará su período de sesiones en la forma que determine su ley orgánica constitucional.

En todo caso, se entenderá siempre convocado de pleno derecho para conocer de la declaración de estados de excepción constitucional.

La ley orgánica constitucional señalada en el inciso primero, regulará la tramitación de las acusaciones constitucionales, la calificación de las urgencias conforme lo señalado en el artículo 74 y todo lo relacionado con la tramitación interna de la ley.

Artículo 56.- La Cámara de Diputados y el Senado no podrán entrar en sesión ni adoptar acuerdos sin la concurrencia de la tercera parte de sus miembros en ejercicio.

Cada una de las Cámaras establecerá en su propio reglamento la clausura del debate por simple mayoría.

Artículo 56 bis.- Durante el mes de julio de cada año, el Presidente del Senado y el Presidente de la Cámara de Diputados darán cuenta pública al país, en sesión del Congreso Pleno, de las actividades realizadas por las Corporaciones que presiden.

El Reglamento de cada Cámara determinará el contenido de dicha cuenta y regulará la forma de cumplir esta obligación.

Normas comunes para los diputados y senadores

Artículo 57.- No pueden ser candidatos a diputados ni a senadores:

1) Los Ministros de Estado;

2) Los gobernadores regionales, los delegados presidenciales regionales, los delegados presidenciales provinciales, los alcaldes, los consejeros regionales, los concejales y los subsecretarios;

3) Los miembros del Consejo del Banco Central;

4) Los magistrados de los tribunales superiores de justicia y los jueces de letras;

5) Los miembros del Tribunal Constitucional, del Tribunal Calificador de Elecciones y de los tribunales electorales regionales;

6) El Contralor General de la República;

7) Las personas que desempeñan un cargo directivo de naturaleza gremial o vecinal;

8) Las personas naturales y los gerentes o administradores de personas jurídicas que celebren o caucionen contratos con el Estado;

9) El Fiscal Nacional, los fiscales regionales y los fiscales adjuntos del Ministerio Público, y

La Ley 21644, Art. único N° 1, D.O. 02.02.2024 intercaló, en el numeral 9) del artículo 57, entre la expresión "los fiscales regionales" y la conjunción "y", la siguiente frase: ", el Fiscal Jefe de la Fiscalía Supraterritorial, especializada en crimen organizado y delitos de alta complejidad,". Lo intercalado depende del siguiente evento para entrar en vigencia: Las modificaciones introducidas por la ley 21644, entrarán en vigor conjuntamente con la entrada en vigencia de las modificaciones que deban efectuarse a la Ley Orgánica Constitucional contemplada en el artículo 84 de la Carta Fundamental

10) Los Comandantes en Jefe del Ejército, de la Armada y de la Fuerza Aérea, el General Director de Carabineros, el Director General de la Policía de Investigaciones y los oficiales pertenecientes a las Fuerzas Armadas y a las Fuerzas de Orden y Seguridad Pública.

Las inhabilidades establecidas en este artículo serán aplicables a quienes hubieren tenido las calidades o cargos antes mencionados dentro del año inmediatamente anterior a la elección; excepto respecto de las personas mencionadas en los números 7) y 8), las que no deberán reunir esas condiciones al momento de inscribir su candidatura y de las indicadas en el número 9), respecto de las cuales el plazo de la inhabilidad será de los dos años inmediatamente anteriores a la elección. Si no fueren elegidos en una elección no podrán volver al mismo cargo ni ser designados para cargos análogos a los que desempeñaron hasta un año después del acto electoral.

Artículo 58.- Los cargos de diputados y senadores son incompatibles entre sí y con todo empleo o comisión retribuidos con fondos del Fisco, de las municipalidades, de las entidades fiscales autónomas, semifiscales o de las empresas del Estado o en las que el Fisco tenga intervención por aportes de capital, y con toda otra función o comisión de la misma naturaleza. Se exceptúan los empleos docentes y las funciones o comisiones de igual carácter de la enseñanza superior, media y especial.

Asimismo, los cargos de diputados y senadores son incompatibles con las funciones de directores o consejeros, aun cuando sean ad honorem, en las entidades fiscales autónomas, semifiscales o en las empresas estatales, o en las que el Estado tenga participación por aporte de capital.

Por el solo hecho de su proclamación por el Tribunal Calificador de Elecciones, el diputado o senador cesará en el otro cargo, empleo o comisión incompatible que desempeñe.

Artículo 59.- Ningún diputado o senador, desde el momento de su proclamación por el Tribunal Calificador de Elecciones puede ser nombrado para un empleo, función o comisión de los referidos en el artículo anterior.

Esta disposición no rige en caso de guerra exterior; ni se aplica a los cargos de Presidente de la República, Ministro de Estado y agente diplomático; pero sólo los cargos conferidos en estado de guerra son compatibles con las funciones de diputado o senador.

Artículo 60.- Cesará en el cargo el diputado o senador que se ausentare del país por más de treinta días sin permiso de la Cámara a que pertenezca o, en receso de ella, de su Presidente.

Cesará en el cargo el diputado o senador que durante su ejercicio celebrare o caucionare contratos con el Estado, o el que actuare como procurador o agente en gestiones particulares de carácter administrativo, en la provisión de empleos públicos, consejerías, funciones o comisiones de similar naturaleza. En la misma sanción incurrirá el que acepte ser director de banco o de alguna sociedad anónima, o ejercer cargos de similar importancia en estas actividades.

La inhabilidad a que se refiere el inciso anterior tendrá lugar sea que el diputado o senador actúe por sí o por interpósita persona, natural o jurídica, o por medio de una sociedad de personas de la que forme parte.

Cesará en su cargo el diputado o senador que actúe como abogado o mandatario en cualquier clase de juicio, que ejercite cualquier influencia ante las autoridades administrativas o judiciales en favor o representación del empleador o de los trabajadores en negociaciones o conflictos laborales, sean del sector público o privado, o que intervengan en ellos ante cualquiera de las partes. Igual sanción se aplicará al parlamentario que actúe o intervenga en actividades estudiantiles, cualquiera que sea la rama de la enseñanza, con el objeto de atentar contra su normal desenvolvimiento.

Sin perjuicio de lo dispuesto en el inciso séptimo del número 15° del artículo 19, cesará, asimismo, en sus funciones el diputado o senador que de palabra o por escrito incite a la alteración del orden público o propicie el cambio del orden jurídico institucional por medios distintos de los que establece esta Constitución, o que comprometa gravemente la seguridad o el honor de la Nación.

Quien perdiere el cargo de diputado o senador por cualquiera de las causales señaladas precedentemente no podrá optar a ninguna función o empleo público, sea o no de elección popular, por el término de dos años, salvo los casos del inciso séptimo del número 15° del artículo 19, en los cuales se aplicarán las sanciones allí contempladas.

Cesará en su cargo el diputado o senador que haya infringido gravemente las normas sobre transparencia, límites y control del gasto electoral, desde la fecha que lo declare por sentencia firme el Tribunal Calificador de Elecciones, a requerimiento del Consejo Directivo del Servicio Electoral. Una ley orgánica constitucional señalará los casos en que existe una infracción grave. Asimismo, el diputado o senador que perdiere el cargo no podrá optar a ninguna función o empleo público por el término de tres años, ni podrá ser candidato a cargos de elección popular en los dos actos electorales inmediatamente siguientes a su cesación.

Cesará, asimismo, en sus funciones el diputado o senador que, durante su ejercicio, pierda algún requisito general de elegibilidad o incurra en alguna de las causales de inhabilidad a que se refiere el artículo 57, sin perjuicio de la excepción contemplada en el inciso segundo del artículo 59 respecto de los Ministros de Estado.

Los diputados y senadores podrán renunciar a sus cargos cuando les afecte una enfermedad grave que les impida desempeñarlos y así lo califique el Tribunal Constitucional.

Artículo 61.- Los diputados y senadores sólo son inviolables por las opiniones que manifiesten y los votos que emitan en el desempeño de sus cargos, en sesiones de sala o de comisión.

Ningún diputado o senador, desde el día de su elección o desde su juramento, según el caso, puede ser acusado o privado de su libertad, salvo el caso de delito flagrante, si el Tribunal de Alzada de la jurisdicción respectiva, en pleno, no autoriza previamente la acusación declarando haber lugar a formación de causa. De esta resolución podrá apelarse para ante la Corte Suprema.

En caso de ser arrestado algún diputado o senador por delito flagrante, será puesto inmediatamente a disposición del Tribunal de Alzada respectivo, con la información sumaria correspondiente. El Tribunal procederá, entonces, conforme a lo dispuesto en el inciso anterior.

Desde el momento en que se declare, por resolución firme, haber lugar a formación de causa, queda el diputado o senador imputado suspendido de su cargo y sujeto al juez competente.

Artículo 62.- Los diputados y senadores percibirán como única renta una dieta equivalente a la remuneración de un Ministro de Estado.

Materias de Ley

Artículo 63.- Sólo son materias de ley:

1) Las que en virtud de la Constitución deben ser objeto de leyes orgánicas constitucionales;

2) Las que la Constitución exija que sean reguladas por una ley;

3) Las que son objeto de codificación, sea civil, comercial, procesal, penal u otra;

4) Las materias básicas relativas al régimen jurídico laboral, sindical, previsional y de seguridad social;

5) Las que regulen honores públicos a los grandes servidores;

6) Las que modifiquen la forma o características de los emblemas nacionales;

7) Las que autoricen al Estado, a sus organismos y a las municipalidades, para contratar empréstitos, los que deberán estar destinados a financiar proyectos específicos. La ley deberá indicar las fuentes de recursos con cargo a los cuales deba hacerse el servicio de la deuda. Sin embargo, se requerirá de una ley de quórum calificado para autorizar la contratación de aquellos empréstitos cuyo vencimiento exceda del término de duración del respectivo período presidencial.

Lo dispuesto en este número no se aplicará al Banco Central;

8) Las que autoricen la celebración de cualquier clase de operaciones que puedan comprometer en forma directa o indirecta el crédito o la responsabilidad financiera del Estado, sus organismos y de las municipalidades.

Esta disposición no se aplicará al Banco Central;

9) Las que fijen las normas con arreglo a las cuales las empresas del Estado y aquellas en que éste tenga participación puedan contratar empréstitos, los que en ningún caso, podrán efectuarse con el Estado, sus organismos o empresas;

10) Las que fijen las normas sobre enajenación de bienes del Estado o de las municipalidades y sobre su arrendamiento o concesión;

11) Las que establezcan o modifiquen la división política y administrativa del país;

12) Las que señalen el valor, tipo y denominación de las monedas y el sistema de pesos y medidas;

13) Las que fijen las fuerzas de aire, mar y tierra que han de mantenerse en pie en tiempo de paz o de guerra, y las normas para permitir la entrada de tropas extranjeras en el territorio de la República, como, asimismo, la salida de tropas nacionales fuera de él;

14) Las demás que la Constitución señale como leyes de iniciativa exclusiva del Presidente de la República;

15) Las que autoricen la declaración de guerra, a propuesta del Presidente de la República;

16) Las que concedan indultos generales y amnistías y las que fijen las normas generales con arreglo a las cuales debe ejercerse la facultad del Presidente de la República para conceder indultos particulares y pensiones de gracia.

Las leyes que concedan indultos generales y amnistías requerirán siempre de quórum calificado. No obstante, este quórum será de las dos terceras partes de los diputados y senadores en ejercicio cuando se trate de delitos contemplados en el artículo 9º;

17) Las que señalen la ciudad en que debe residir el Presidente de la República, celebrar sus sesiones el Congreso Nacional y funcionar la Corte Suprema y el Tribunal Constitucional;

18) Las que fijen las bases de los procedimientos que rigen los actos de la administración pública;

19) Las que regulen el funcionamiento de loterías, hipódromos y apuestas en general, y

20) Toda otra norma de carácter general y obligatoria que estatuya las bases esenciales de un ordenamiento jurídico.

Artículo 64.- El Presidente de la República podrá solicitar autorización al Congreso Nacional para dictar disposiciones con fuerza de ley durante un plazo no superior a un año sobre materias que correspondan al dominio de la ley.

Esta autorización no podrá extenderse a la nacionalidad, la ciudadanía, las elecciones ni al plebiscito, como tampoco a materias comprendidas en las garantías constitucionales o que deban ser objeto de leyes orgánicas constitucionales o de quórum calificado.

La autorización no podrá comprender facultades que afecten a la organización, atribuciones y régimen de los funcionarios del Poder Judicial, del Congreso Nacional, del Tribunal Constitucional ni de la Contraloría General de la República.

La ley que otorgue la referida autorización señalará las materias precisas sobre las que recaerá la delegación y podrá establecer o determinar las limitaciones, restricciones y formalidades que se estimen convenientes.

Sin perjuicio de lo dispuesto en los incisos anteriores, el Presidente de la República queda autorizado para fijar el texto refundido, coordinado y sistematizado de las leyes cuando sea conveniente para su mejor ejecución. En ejercicio de esta facultad, podrá introducirle los cambios de forma que sean indispensables, sin alterar, en caso alguno, su verdadero sentido y alcance.

A la Contraloría General de la República corresponderá tomar razón de estos decretos con fuerza de ley, debiendo rechazarlos cuando ellos excedan o contravengan la autorización referida.

Los decretos con fuerza de ley estarán sometidos en cuanto a su publicación, vigencia y efectos, a las mismas normas que rigen para la ley.

Formación de la ley

Artículo 65.- Las leyes pueden tener origen en la Cámara de Diputados o en el Senado, por mensaje que dirija el Presidente de la República o por moción de cualquiera de sus miembros. Las mociones no pueden ser firmadas por más de diez diputados ni por más de cinco senadores.

Las leyes sobre tributos de cualquiera naturaleza que sean, sobre los presupuestos de la Administración Pública y sobre reclutamiento, sólo pueden tener origen en la Cámara de Diputados. Las leyes sobre amnistía y sobre indultos generales sólo pueden tener origen en el Senado.

Corresponderá al Presidente de la República la iniciativa exclusiva de los proyectos de ley que tengan relación con la alteración de la división política o administrativa del país, o con la administración financiera o presupuestaria del Estado, incluyendo las modificaciones de la Ley de Presupuestos, y con las materias señaladas en los números 10 y 13 del artículo 63.

Corresponderá, asimismo, al Presidente de la República la iniciativa exclusiva para:

1°.- Imponer, suprimir, reducir o condonar tributos de cualquier clase o naturaleza, establecer exenciones o modificar las existentes, y determinar su forma, proporcionalidad o progresión;

2°.- Crear nuevos servicios públicos o empleos rentados, sean fiscales, semifiscales, autónomos o de las empresas del Estado; suprimirlos y determinar sus funciones o atribuciones;

3°.- Contratar empréstitos o celebrar cualquiera otra clase de operaciones que puedan comprometer el crédito o la responsabilidad financiera del Estado, de las entidades semifiscales, autónomas, de los gobiernos regionales o de las municipalidades, y condonar, reducir o modificar obligaciones, intereses u otras cargas financieras de cualquier naturaleza establecidas en favor del Fisco o de los organismos o entidades referidos;

4°.- Fijar, modificar, conceder o aumentar remuneraciones, jubilaciones, pensiones, montepíos, rentas y cualquiera otra clase de emolumentos, préstamos o beneficios al personal en servicio o en retiro y a los beneficiarios de montepío, en su caso, de la Administración Pública y demás organismos y entidades anteriormente señalados, con excepción de las remuneraciones de los cargos indicados en el inciso primero del artículo 38 bis, como asimismo fijar las remuneraciones mínimas de los trabajadores del sector privado, aumentar obligatoriamente sus remuneraciones y demás beneficios económicos o alterar las bases que sirvan para determinarlos; todo ello sin perjuicio de lo dispuesto en los números siguientes;

5°.- Establecer las modalidades y procedimientos de la negociación colectiva y determinar los casos en que no se podrá negociar, y

6°.- Establecer o modificar las normas sobre seguridad social o que incidan en ella, tanto del sector público como del sector privado.

El Congreso Nacional sólo podrá aceptar, disminuir o rechazar los servicios, empleos, emolumentos, préstamos, beneficios, gastos y demás iniciativas sobre la materia que proponga el Presidente de la República.

Artículo 66.- Las normas legales que interpreten preceptos constitucionales necesitarán, para su aprobación, modificación o derogación, de las cuatro séptimas partes de los diputados y senadores en ejercicio.

Las normas legales a las cuales la Constitución confiere el carácter de ley orgánica constitucional y las leyes de quórum calificado se establecerán, modificarán o derogarán por la mayoría absoluta de los diputados y senadores en ejercicio.

Las demás normas legales requerirán la mayoría de los miembros presentes de cada Cámara, o las mayorías que sean aplicables conforme a los artículos 68 y siguientes.

Artículo 67.- El proyecto de Ley de Presupuestos deberá ser presentado por el Presidente de la República al Congreso Nacional, a lo menos con tres meses de anterioridad a la fecha en que debe empezar a regir; y si el Congreso no lo despachare dentro de los sesenta días contados desde su presentación, regirá el proyecto presentado por el Presidente de la República.

El Congreso Nacional no podrá aumentar ni disminuir la estimación de los ingresos; sólo podrá reducir los gastos contenidos en el proyecto de Ley de Presupuestos, salvo los que estén establecidos por ley permanente.

La estimación del rendimiento de los recursos que consulta la Ley de Presupuestos y de los nuevos que establezca cualquiera otra iniciativa de ley, corresponderá exclusivamente al Presidente, previo informe de los organismos técnicos respectivos.

No podrá el Congreso aprobar ningún nuevo gasto con cargo a los fondos de la Nación sin que se indiquen, al mismo tiempo, las fuentes de recursos necesarios para atender dicho gasto.

Si la fuente de recursos otorgada por el Congreso fuere insuficiente para financiar cualquier nuevo gasto que se apruebe, el Presidente de la República, al promulgar la ley, previo informe favorable del servicio o institución a través del cual se recaude el nuevo ingreso, refrendado por la Contraloría General de la República, deberá reducir proporcionalmente todos los gastos, cualquiera que sea su naturaleza.

Artículo 68.- El proyecto que fuere desechado en general en la Cámara de su origen no podrá renovarse sino después de un año. Sin embargo, el Presidente de la República, en caso de un proyecto de su iniciativa, podrá solicitar que el mensaje pase a la otra Cámara y, si ésta lo aprueba en general por los dos tercios de sus miembros presentes, volverá a la de su origen y sólo se considerará desechado si esta Cámara lo rechaza con el voto de los dos tercios de sus miembros presentes.

Artículo 69.- Todo proyecto puede ser objeto de adiciones o correcciones en los trámites que corresponda, tanto en la Cámara de Diputados como en el Senado; pero en ningún caso se admitirán las que no tengan relación directa con las ideas matrices o fundamentales del proyecto.

Aprobado un proyecto en la Cámara de su origen, pasará inmediatamente a la otra para su discusión.

Artículo 70.- El proyecto que fuere desechado en su totalidad por la Cámara revisora será considerado por una comisión mixta de igual número de diputados y senadores, la que propondrá la forma y modo de resolver las dificultades. El proyecto de la comisión mixta volverá a la Cámara de origen y, para ser aprobado tanto en ésta como en la revisora, se requerirá de la mayoría de los miembros presentes en cada una de ellas. Si la comisión mixta no llegare a acuerdo, o si la Cámara de origen rechazare el proyecto de esa comisión, el Presidente de la República podrá pedir que esa Cámara se pronuncie sobre si insiste por los dos tercios de sus miembros presentes en el proyecto que aprobó en el primer trámite. Acordada la insistencia, el proyecto pasará por segunda vez a la Cámara que lo desechó, y sólo se entenderá que ésta lo reprueba si concurren para ello las dos terceras partes de sus miembros presentes.

Artículo 71.- El proyecto que fuere adicionado o enmendado por la Cámara revisora volverá a la de su origen, y en ésta se entenderán aprobadas las adiciones y enmiendas con el voto de la mayoría de los miembros presentes.

Si las adiciones o enmiendas fueren reprobadas, se formará una comisión mixta y se procederá en la misma forma indicada en el artículo anterior. En caso de que en la comisión mixta no se produzca acuerdo para resolver las divergencias entre ambas Cámaras, o si alguna de las Cámaras rechazare la proposición de la comisión mixta, el Presidente de la República podrá solicitar a la Cámara de origen que considere nuevamente el proyecto aprobado en segundo trámite por la revisora. Si la Cámara de origen rechazare las adiciones o modificaciones por los dos tercios de sus miembros presentes, no habrá ley en esa parte o en su totalidad; pero, si hubiere mayoría para el rechazo, menor a los dos tercios, el proyecto pasará a la Cámara revisora, y se entenderá aprobado con el voto conforme de las dos terceras partes de los miembros presentes de esta última.

Artículo 72.- Aprobado un proyecto por ambas Cámaras será remitido al Presidente de la República, quien, si también lo aprueba, dispondrá su promulgación como ley.

Artículo 73.- Si el Presidente de la República desaprueba el proyecto, lo devolverá a la Cámara de su origen con las observaciones convenientes, dentro del término de treinta días.

En ningún caso se admitirán las observaciones que no tengan relación directa con las ideas matrices o fundamentales del proyecto, a menos que hubieran sido consideradas en el mensaje respectivo.

Si las dos Cámaras aprobaren las observaciones, el proyecto tendrá fuerza de ley y se devolverá al Presidente para su promulgación.

Si las dos Cámaras desecharen todas o algunas de las observaciones e insistieren por los dos tercios de sus miembros presentes en la totalidad o parte del proyecto aprobado por ellas, se devolverá al Presidente para su promulgación.

Artículo 74.- El Presidente de la República podrá hacer presente la urgencia en el despacho de un proyecto, en uno o en todos sus trámites, y en tal caso, la Cámara respectiva deberá pronunciarse dentro del plazo máximo de treinta días.

La calificación de la urgencia corresponderá hacerla al Presidente de la República de acuerdo a la ley orgánica constitucional relativa al Congreso, la que establecerá también todo lo relacionado con la tramitación interna de la ley.

Artículo 75.- Si el Presidente de la República no devolviere el proyecto dentro de treinta días, contados desde la fecha de su remisión, se entenderá que lo aprueba y se promulgará como ley.

La promulgación deberá hacerse siempre dentro del plazo de diez días, contados desde que ella sea procedente.

La publicación se hará dentro de los cinco días hábiles siguientes a la fecha en que quede totalmente tramitado el decreto promulgatorio.

Capítulo VI
PODER JUDICIAL

Artículo 76.- La facultad de conocer de las causas civiles y criminales, de resolverlas y de hacer ejecutar lo juzgado, pertenece exclusivamente a los tribunales establecidos por la ley. Ni el Presidente de la República ni el Congreso pueden, en caso alguno, ejercer funciones judiciales, avocarse causas pendientes, revisar los fundamentos o contenido de sus resoluciones o hacer revivir procesos fenecidos.

Reclamada su intervención en forma legal y en negocios de su competencia, no podrán excusarse de ejercer su autoridad, ni aun por falta de ley que resuelva la contienda o asunto sometidos a su decisión.

Para hacer ejecutar sus resoluciones, y practicar o hacer practicar los actos de instrucción que determine la ley, los tribunales ordinarios de justicia y los especiales que integran el Poder Judicial, podrán impartir órdenes directas a la fuerza pública o ejercer los medios de acción conducentes de que dispusieren. Los demás tribunales lo harán en la forma que la ley determine.

La autoridad requerida deberá cumplir sin más trámite el mandato judicial y no podrá calificar su fundamento u oportunidad, ni la justicia o legalidad de la resolución que se trata de ejecutar.

Artículo 77.- Una ley orgánica constitucional determinará la organización y atribuciones de los tribunales que fueren necesarios para la pronta y cumplida administración de justicia en todo el territorio de la República. La misma ley señalará las calidades que respectivamente deban tener los jueces y el número de años que deban haber ejercido la profesión de abogado las personas que fueren nombradas ministros de Corte o jueces letrados.

La ley orgánica constitucional relativa a la organización y atribuciones de los tribunales, sólo podrá ser modificada oyendo previamente a la Corte Suprema de conformidad a lo establecido en la ley orgánica constitucional respectiva.

La Corte Suprema deberá pronunciarse dentro del plazo de treinta días contados desde la recepción del oficio en que se solicita la opinión pertinente.

Sin embargo, si el Presidente de la República hubiere hecho presente una urgencia al proyecto consultado, se comunicará esta circunstancia a la Corte.

En dicho caso, la Corte deberá evacuar la consulta dentro del plazo que implique la urgencia respectiva.

Si la Corte Suprema no emitiere opinión dentro de los plazos aludidos, se tendrá por evacuado el trámite.

La ley orgánica constitucional relativa a la organización y atribuciones de los tribunales, así como las leyes procesales que regulen un sistema de enjuiciamiento, podrán fijar fechas diferentes para su entrada en vigencia en las diversas regiones del territorio nacional. Sin perjuicio de lo anterior, el plazo para la entrada en vigor de dichas leyes en todo el país no podrá ser superior a cuatros años.

Artículo 78.- En cuanto al nombramiento de los jueces, la ley se ajustará a los siguientes preceptos generales.

La Corte Suprema se compondrá de veintiún ministros.

Los ministros y los fiscales judiciales de la Corte Suprema serán nombrados por el Presidente de la República, eligiéndolos de una nómina de cinco personas que, en cada caso, propondrá la misma Corte, y con acuerdo del Senado. Este adoptará los respectivos acuerdos por los dos tercios de sus miembros en ejercicio, en sesión especialmente convocada al efecto. Si el Senado no aprobare la proposición del Presidente de la República, la Corte Suprema deberá completar la quina proponiendo un nuevo nombre en sustitución del rechazado, repitiéndose el procedimiento hasta que se apruebe un nombramiento.

Cinco de los miembros de la Corte Suprema deberán ser abogados extraños a la administración de justicia, tener a lo menos quince años de título, haberse destacado en la actividad profesional o universitaria y cumplir los demás requisitos que señale la ley orgánica constitucional respectiva.

La Corte Suprema, cuando se trate de proveer un cargo que corresponda a un miembro proveniente del Poder Judicial, formará la nómina exclusivamente con integrantes de éste y deberá ocupar un lugar en ella el ministro más antiguo de Corte de Apelaciones que figure en lista de méritos. Los otros cuatro lugares se llenarán en atención a los merecimientos de los candidatos. Tratándose de proveer una vacante correspondiente a abogados extraños a la administración de justicia, la nómina se formará exclusivamente, previo concurso público de antecedentes, con abogados que cumplan los requisitos señalados en el inciso cuarto.

Los ministros y fiscales judiciales de las Cortes de Apelaciones serán designados por el Presidente de la República, a propuesta en terna de la Corte Suprema.

Los jueces letrados serán designados por el Presidente de la República, a propuesta en terna de la Corte de Apelaciones de la jurisdicción respectiva.

El juez letrado en lo civil o criminal más antiguo de asiento de Corte o el juez letrado civil o criminal más antiguo del cargo inmediatamente inferior al que se trata de proveer y que figure en lista de méritos y exprese su interés en el cargo, ocupará un lugar en la terna correspondiente. Los otros dos lugares se llenarán en atención al mérito de los candidatos.

La Corte Suprema y las Cortes de Apelaciones, en su caso, formarán las quinas o las ternas en pleno especialmente convocado al efecto, en una misma y única votación, donde cada uno de sus integrantes tendrá derecho a votar por tres o dos personas, respectivamente. Resultarán elegidos quienes obtengan las cinco o las tres primeras mayorías, según corresponda. El empate se resolverá mediante sorteo.

Sin embargo, cuando se trate del nombramiento de ministros de Corte suplentes, la designación podrá hacerse por la Corte Suprema y, en el caso de los jueces, por la Corte de Apelaciones respectiva. Estas designaciones no podrán durar más de sesenta días y no serán prorrogables. En caso de que los tribunales superiores mencionados no hagan uso de esta facultad o de que haya vencido el plazo de la suplencia, se procederá a proveer las vacantes en la forma ordinaria señalada precedentemente.

Artículo 79.- Los jueces son personalmente responsables por los delitos de cohecho, falta de observancia en materia sustancial de las leyes que reglan el procedimiento, denegación y torcida administración de justicia y, en general, de toda prevaricación en que incurran en el desempeño de sus funciones.

Tratándose de los miembros de la Corte Suprema, la ley determinará los casos y el modo de hacer efectiva esta responsabilidad.

Artículo 80.- Los jueces permanecerán en sus cargos durante su buen comportamiento; pero los inferiores desempeñarán su respectiva judicatura por el tiempo que determinen las leyes.

No obstante lo anterior, los jueces cesarán en sus funciones al cumplir 75 años de edad; o por renuncia o incapacidad legal sobreviniente o en caso de ser depuestos de sus destinos, por causa legalmente sentenciada. La norma relativa a la edad no regirá respecto al Presidente de la Corte Suprema, quien continuará en su cargo hasta el término de su período.

En todo caso, la Corte Suprema por requerimiento del Presidente de la República, a solicitud de parte interesada, o de oficio, podrá declarar que los jueces no han tenido buen comportamiento y, previo informe del inculpado y de la Corte de Apelaciones respectiva, en su caso, acordar su remoción por la mayoría del total de sus componentes. Estos acuerdos se comunicarán al Presidente de la República para su cumplimiento.

La Corte Suprema, en pleno especialmente convocado al efecto y por la mayoría absoluta de sus miembros en ejercicio, podrá autorizar u ordenar, fundadamente, el traslado de los jueces y demás funcionarios y empleados del Poder Judicial a otro cargo de igual categoría.

Artículo 81.- Los magistrados de los tribunales superiores de justicia, los fiscales judiciales y los jueces letrados que integran el Poder Judicial, no podrán ser aprehendidos sin orden del tribunal competente, salvo el caso de crimen o simple delito flagrante y sólo para ponerlos inmediatamente a disposición del tribunal que debe conocer del asunto en conformidad a la ley.

Artículo 82.- La Corte Suprema tiene la superintendencia directiva, correccional y económica de todos los tribunales de la Nación. Se exceptúan de esta norma el Tribunal Constitucional, el Tribunal Calificador de Elecciones y los tribunales electorales regionales.

Los tribunales superiores de justicia, en uso de sus facultades disciplinarias, sólo podrán invalidar resoluciones jurisdiccionales en los casos y forma que establezca la ley orgánica constitucional respectiva.

CAPÍTULO VII
MINISTERIO PÚBLICO

Artículo 83.- Un organismo autónomo, jerarquizado, con el nombre de Ministerio Público, dirigirá en forma exclusiva la investigación de los hechos constitutivos de delito, los que determinen la participación punible y los que acrediten la inocencia del imputado y, en su caso, ejercerá la acción penal pública en la forma prevista por la ley. De igual manera, le corresponderá la adopción de medidas para proteger a las víctimas y a los testigos. En caso alguno podrá ejercer funciones jurisdiccionales.

El ofendido por el delito y las demás personas que determine la ley podrán ejercer igualmente la acción penal.

El Ministerio Público podrá impartir órdenes directas a las Fuerzas de Orden y Seguridad durante la investigación. Sin embargo, las actuaciones que priven al imputado o a terceros del ejercicio de los derechos que esta Constitución asegura, o lo restrinjan o perturben, requerirán de aprobación judicial previa. La autoridad requerida deberá cumplir sin más trámite dichas órdenes y no podrá calificar su fundamento, oportunidad, justicia o legalidad, salvo requerir la exhibición de la autorización judicial previa, en su caso.

El ejercicio de la acción penal pública, y la dirección de las investigaciones de los hechos que configuren el delito, de los que determinen la participación punible y de los que acrediten la inocencia del imputado en las causas que sean de conocimiento de los tribunales militares, como asimismo la adopción de medidas para proteger a las víctimas y a los testigos de tales hechos corresponderán, en conformidad con las normas del Código de Justicia Militar y a las leyes respectivas, a los órganos y a las personas que ese Código y esas leyes determinen.

Artículo 84.- Una ley orgánica constitucional determinará la organización y atribuciones del Ministerio Público, señalará las calidades y requisitos que deberán tener y cumplir los fiscales para su nombramiento y las causales de remoción de los fiscales adjuntos, en lo no contemplado en la Constitución. Las personas que sean designadas fiscales no podrán tener impedimento alguno que las inhabilite para desempeñar el cargo de juez. Los fiscales regionales y adjuntos cesarán en su cargo al cumplir 75 años de edad.

La ley orgánica constitucional establecerá el grado de independencia y autonomía y la responsabilidad que tendrán los fiscales en la dirección de la investigación y en el ejercicio de la acción penal pública, en los casos que tengan a su cargo.

La Ley 21644, Art. único N° 2, D.O. 02.02.2024 reemplazó , en el artículo 84, la expresión "Los fiscales regionales y adjuntos", por la siguiente frase: "Los fiscales regionales, el Fiscal Jefe de la Fiscalía Supraterritorial, especializada en crimen organizado y delitos de alta complejidad, y los fiscales adjuntos". Lo reemplazado depende del siguiente evento para entrar en vigencia: Las modificaciones introducidas por la ley 21644, entrarán en vigor conjuntamente con la entrada en vigencia de las modificaciones que deban efectuarse a la Ley Orgánica Constitucional contemplada en el artículo 84 de la Carta Fundamental.

Artículo 85.- El Fiscal Nacional será designado por el Presidente de la República, a propuesta en quina de la Corte Suprema y con acuerdo del Senado adoptado por los dos tercios de sus miembros en ejercicio, en sesión especialmente convocada al efecto. Si el Senado no aprobare la proposición del Presidente de la República, la Corte Suprema deberá completar la quina proponiendo un nuevo nombre en sustitución del rechazado, repitiéndose el procedimiento hasta que se apruebe un nombramiento.

El Fiscal Nacional deberá tener a lo menos diez años de título de abogado, haber cumplido cuarenta años de edad y poseer las demás calidades necesarias para ser ciudadano con derecho a sufragio; durará ocho años en el ejercicio de sus funciones y no podrá ser designado para el período siguiente.

Será aplicable al Fiscal Nacional lo dispuesto en el inciso segundo del artículo 80 en lo relativo al tope de edad.

Artículo 86.- Existirá un Fiscal Regional en cada una de las regiones en que se divida administrativamente el país, a menos que la población o la extensión geográfica de la región hagan necesario nombrar más de uno.

Los fiscales regionales serán nombrados por el Fiscal Nacional, a propuesta en terna de la Corte de Apelaciones de la respectiva región. En caso que en la región exista más de una Corte de Apelaciones, la terna será formada por un pleno conjunto de todas ellas, especialmente convocado al efecto por el Presidente de la Corte de más antigua creación.

Los fiscales regionales deberán tener a lo menos cinco años de título de abogado, haber cumplido 30 años de edad y poseer las demás calidades necesarias para ser ciudadano con derecho a sufragio; durarán ocho años en el ejercicio de sus funciones y no podrán ser designados como fiscales regionales por el período siguiente, lo que no obsta a que puedan ser nombrados en otro cargo del Ministerio Público.

Artículo 86 bis.- Existirá una Fiscalía Supraterritorial, especializada en crimen organizado y delitos de alta complejidad, que desempeñará sus funciones respecto a ilícitos en los cuales existan antecedentes de la intervención de asociaciones delictivas o criminales, y cuando los hechos requieran una dirección supraterritorial o transnacional de la investigación. Estará a cargo de un Fiscal Jefe, al que corresponderá ejercer las funciones propias del Ministerio Público. Las contiendas de competencia que se susciten entre las Fiscalías Regionales y la Fiscalía Supraterritorial serán resueltas por el Fiscal Nacional.

El Fiscal Jefe de la Fiscalía Supraterritorial deberá dar cumplimiento a las instrucciones particulares que imparta el Fiscal Nacional en las investigaciones de delitos de crimen organizado o de alta complejidad que estén a su cargo.

El Fiscal Jefe de la Fiscalía Supraterritorial será designado por el Fiscal Nacional, será de su exclusiva confianza y se mantendrá en su cargo mientras cuente con ella, sin perjuicio de lo dispuesto en el inciso primero del artículo 84 y en el inciso tercero del artículo 89.

El Fiscal Jefe de la Fiscalía Supraterritorial deberá tener a lo menos diez años de título de abogado, haber cumplido treinta y cinco años de edad, poseer las calidades necesarias para ser ciudadano con derecho a sufragio, y cumplir con las condiciones de conocimiento y experiencia en litigación en asuntos penales que serán determinados de acuerdo a la ley orgánica constitucional.

La Ley 21644, Art. único N° 3, D.O. 02.02.2024 agregó el artículo 86 bis. El artículo depende del siguiente evento para entrar en vigencia: Las modificaciones introducidas por la ley 21644, entrarán en vigor conjuntamente con la entrada en vigencia de las modificaciones que deban efectuarse a la Ley Orgánica Constitucional contemplada en el artículo 84 de la Carta Fundamental.

Artículo 87.- La Corte Suprema y las Cortes de Apelaciones, en su caso, llamarán a concurso público de antecedentes para la integración de las quinas y ternas, las que serán acordadas por la mayoría absoluta de sus miembros en ejercicio, en pleno especialmente convocado al efecto. No podrán integrar las quinas y ternas los miembros activos o pensionados del Poder Judicial.

Las quinas y ternas se formarán en una misma y única votación en la cual cada integrante del pleno tendrá derecho a votar por tres o dos personas, respectivamente. Resultarán elegidos quienes obtengan las cinco o las tres primeras mayorías, según corresponda. De producirse un empate, éste se resolverá mediante sorteo.

Artículo 88.- Existirán fiscales adjuntos que serán designados por el Fiscal Nacional, a propuesta en terna del fiscal regional respectivo la que deberá formarse previo concurso público, en conformidad a la ley orgánica constitucional. Deberán tener el título de abogado y poseer las demás calidades necesarias para ser ciudadano con derecho a sufragio.

La Ley 21644, Art. único N° 4, D.O. 02.02.2024 agregó el artículo 86 bis. El artículo depende del siguiente evento para entrar en vigencia: Las modificaciones introducidas por la ley 21644, entrarán en vigor conjuntamente con la entrada en vigencia de las modificaciones que deban efectuarse a la Ley Orgánica Constitucional contemplada en el artículo 84 de la Carta Fundamental

Artículo 89.- El Fiscal Nacional y los fiscales regionales sólo podrán ser removidos por la Corte Suprema, a requerimiento del Presidente de la República, de la Cámara de Diputados, o de diez de sus miembros, por incapacidad, mal comportamiento o negligencia manifiesta en el ejercicio de sus funciones. La Corte conocerá del asunto en pleno especialmente convocado al efecto y para acordar la remoción deberá reunir el voto conforme de la mayoría de sus miembros en ejercicio.

La remoción de los fiscales regionales también podrá ser solicitada por el Fiscal Nacional.

La Ley 21644, Art. único N° 5, D.O. 02.02.2024 agregó un inciso tercero y un inciso final al Artículo 89 BIS en esta ubicación que depende del siguiente evento para entrar en vigencia: Las modificaciones introducidas por la ley 21644, entrarán en vigor conjuntamente con la entrada en vigencia de las modificaciones que deban efectuarse a la Ley Orgánica Constitucional contemplada en el artículo 84 de la Carta Fundamental.

Al Fiscal Jefe de la Fiscalía Supraterritorial, especializada en crimen organizado y delitos de alta complejidad, le será aplicable lo dispuesto en el inciso primero, además de la remoción por parte del Fiscal Nacional.

Tratándose de la remoción de los fiscales regionales, el Fiscal Nacional podrá solicitarla, además de las causales de este artículo, por el incumplimiento, de manera grave y reiterada, de las instrucciones generales que hubiere dictado dicho Fiscal Nacional para la debida tramitación de las causas.

Artículo 90.- Se aplicará al Fiscal Nacional, a los fiscales regionales y a los fiscales adjuntos lo establecido en el artículo 81.

La Ley 21644, Art. único N° 6, D.O. 02.02.2024 intercaló, en el artículo 90, entre la expresión "fiscales regionales" y la conjunción "y", lo siguiente: ", al Fiscal Jefe de la Fiscalía Supraterritorial".

Artículo 91.- El Fiscal Nacional tendrá la superintendencia directiva, correccional y económica del Ministerio Público, en conformidad a la ley orgánica constitucional respectiva.

Capítulo VIII
TRIBUNAL CONSTITUCIONAL

Artículo 92.- Habrá un Tribunal Constitucional integrado por diez miembros, designados de la siguiente forma:

a) Tres designados por el Presidente de la República.

b) Cuatro elegidos por el Congreso Nacional. Dos serán nombrados directamente por el Senado y dos serán previamente propuestos por la Cámara de Diputados para su aprobación o rechazo por el Senado. Los nombramientos, o la propuesta en su caso, se efectuarán en votaciones únicas y requerirán para su aprobación del voto favorable de los dos tercios de los senadores o diputados en ejercicio, según corresponda.

c) Tres elegidos por la Corte Suprema en una votación secreta que se celebrará en sesión especialmente convocada para tal efecto.

Los miembros del Tribunal durarán nueve años en sus cargos y se renovarán por parcialidades cada tres. Deberán tener a lo menos quince años de título de abogado, haberse destacado en la actividad profesional, universitaria o pública, no podrán tener impedimento alguno que los inhabilite para desempeñar el cargo de juez, estarán sometidos a las normas de los artículos 58, 59 y 81, y no podrán ejercer la profesión de abogado, incluyendo la judicatura, ni cualquier acto de los establecidos en los incisos segundo y tercero del artículo 60.

Los miembros del Tribunal Constitucional serán inamovibles y no podrán ser reelegidos, salvo aquel que lo haya sido como reemplazante y haya ejercido el cargo por un período menor a cinco años. Cesarán en sus funciones al cumplir 75 años de edad.

En caso que un miembro del Tribunal Constitucional cese en su cargo, se procederá a su reemplazo por quien corresponda, de acuerdo con el inciso primero de este artículo y por el tiempo que falte para completar el período del reemplazado.

El Tribunal funcionará en pleno o dividido en dos salas. En el primer caso, el quórum para sesionar será de, a lo menos, ocho miembros y en el segundo de, a lo menos, cuatro. El Tribunal adoptará sus acuerdos por simple mayoría, salvo los casos en que se exija un quórum diferente y fallará de acuerdo a derecho. El Tribunal en pleno resolverá en definitiva las atribuciones indicadas en los números 1°, 3°, 4°, 5°, 6°, 7°, 8°, 9° y 11° del artículo siguiente. Para el ejercicio de sus restantes atribuciones, podrá funcionar en pleno o en sala de acuerdo a lo que disponga la ley orgánica constitucional respectiva.

Una ley orgánica constitucional determinará su organización, funcionamiento, procedimientos y fijará la planta, régimen de remuneraciones y estatuto de su personal.

Artículo 93.- Son atribuciones del Tribunal Constitucional:

1°.- Ejercer el control de constitucionalidad de las leyes que interpreten algún precepto de la Constitución, de las leyes orgánicas constitucionales y de las normas de un tratado que versen sobre materias propias de estas últimas, antes de su promulgación;

2°.- Resolver sobre las cuestiones de constitucionalidad de los autos acordados dictados por la Corte Suprema, las Cortes de Apelaciones y el Tribunal Calificador de Elecciones;

3°.- Resolver las cuestiones sobre constitucionalidad que se susciten durante la tramitación de los proyectos de ley o de reforma constitucional y de los tratados sometidos a la aprobación del Congreso;

4°.- Resolver las cuestiones que se susciten sobre la constitucionalidad de un decreto con fuerza de ley;

5°.- Resolver las cuestiones que se susciten sobre constitucionalidad con relación a la convocatoria a un plebiscito, sin perjuicio de las atribuciones que correspondan al Tribunal Calificador de Elecciones;

6°.- Resolver, por la mayoría de sus miembros en ejercicio, la inaplicabilidad de un precepto legal cuya aplicación en cualquier gestión que se siga ante un tribunal ordinario o especial, resulte contraria a la Constitución;

7°.- Resolver por la mayoría de los cuatro quintos de sus integrantes en ejercicio, la inconstitucionalidad de un precepto legal declarado inaplicable en conformidad a lo dispuesto en el numeral anterior;

8°.- Resolver los reclamos en caso de que el Presidente de la República no promulgue una ley cuando deba hacerlo o promulgue un texto diverso del que constitucionalmente corresponda;

9°.- Resolver sobre la constitucionalidad de un decreto o resolución del Presidente de la República que la Contraloría General de la República haya representado por estimarlo inconstitucional, cuando sea requerido por el Presidente en conformidad al artículo 99;

10°.- Declarar la inconstitucionalidad de las organizaciones y de los movimientos o partidos políticos, como asimismo la responsabilidad de las personas que hubieran tenido participación en los hechos que motivaron la declaración de inconstitucionalidad, en conformidad a lo dispuesto en los párrafos sexto, séptimo y octavo del N° 15° del artículo 19 de esta Constitución. Sin embargo, si la persona afectada fuera el Presidente de la República o el Presidente electo, la referida declaración requerirá, además, el acuerdo del Senado adoptado por la mayoría de sus miembros en ejercicio;

11°.- Informar al Senado en los casos a que se refiere el artículo 53 número 7) de esta Constitución;

12°.- Resolver las contiendas de competencia que se susciten entre las autoridades políticas o administrativas y los tribunales de justicia, que no correspondan al Senado;

13°.- Resolver sobre las inhabilidades constitucionales o legales que afecten a una persona para ser designada Ministro de Estado, permanecer en dicho cargo o desempeñar simultáneamente otras funciones;

14°.- Pronunciarse sobre las inhabilidades, incompatibilidades y causales de cesación en el cargo de los parlamentarios;

15°.- Calificar la inhabilidad invocada por un parlamentario en los términos del inciso final del artículo 60 y pronunciarse sobre su renuncia al cargo, y

16°.- Resolver sobre la constitucionalidad de los decretos supremos, cualquiera sea el vicio invocado, incluyendo aquellos que fueren dictados en el ejercicio de la potestad reglamentaria autónoma del Presidente de la República cuando se refieran a materias que pudieran estar reservadas a la ley por mandato del artículo 63.

En el caso del número 1°, la Cámara de origen enviará al Tribunal Constitucional el proyecto respectivo dentro de los cinco días siguientes a aquél en que quede totalmente tramitado por el Congreso.

En el caso del número 2°, el Tribunal podrá conocer de la materia a requerimiento del Presidente de la República, de cualquiera de las Cámaras o de diez de sus miembros. Asimismo, podrá requerir al Tribunal toda persona que sea parte en juicio o gestión pendiente ante un tribunal ordinario o especial, o desde la primera actuación del procedimiento penal, cuando sea afectada en el ejercicio de sus derechos fundamentales por lo dispuesto en el respectivo auto acordado.

En el caso del número 3°, el Tribunal sólo podrá conocer de la materia a requerimiento del Presidente de la República, de cualquiera de las Cámaras o de una cuarta parte de sus miembros en ejercicio, siempre que sea formulado antes de la promulgación de la ley o de la remisión de la comunicación que informa la aprobación del tratado por el Congreso Nacional y, en caso alguno, después de quinto día del despacho del proyecto o de la señalada comunicación.

El Tribunal deberá resolver dentro del plazo de diez días contado desde que reciba el requerimiento, a menos que decida prorrogarlo hasta por otros diez días por motivos graves y calificados.

El requerimiento no suspenderá la tramitación del proyecto; pero la parte impugnada de éste no podrá ser promulgada hasta la expiración del plazo referido, salvo que se trate del proyecto de Ley de Presupuestos o del proyecto relativo a la declaración de guerra propuesta por el Presidente de la República.

En el caso del número 4°, la cuestión podrá ser planteada por el Presidente de la República dentro del plazo de diez días cuando la Contraloría rechace por inconstitucional un decreto con fuerza de ley. También podrá ser promovida por cualquiera de las Cámaras o por una cuarta parte de sus miembros en ejercicio en caso de que la Contraloría hubiere tomado razón de un decreto con fuerza de ley que se impugne de inconstitucional. Este requerimiento deberá efectuarse dentro del plazo de treinta días, contado desde la publicación del respectivo decreto con fuerza de ley.

En el caso del número 5°, la cuestión podrá promoverse a requerimiento del Senado o de la Cámara de Diputados, dentro de diez días contados desde la fecha de publicación del decreto que fije el día de la consulta plebiscitaria.

El Tribunal establecerá en su resolución el texto definitivo de la consulta plebiscitaria, cuando ésta fuera procedente.

Si al tiempo de dictarse la sentencia faltaran menos de treinta días para la realización del plebiscito, el Tribunal fijará en ella una nueva fecha comprendida entre los treinta y los sesenta días siguientes al fallo.

En el caso del número 6°, la cuestión podrá ser planteada por cualquiera de las partes o por el juez que conoce del asunto. Corresponderá a cualquiera de las salas del Tribunal declarar, sin ulterior recurso, la admisibilidad de la cuestión siempre que verifique la existencia de una gestión pendiente ante el tribunal ordinario o especial, que la aplicación del precepto legal impugnado pueda resultar decisivo en la resolución de un asunto, que la impugnación esté fundada razonablemente y se cumplan los demás requisitos que establezca la ley. A esta misma sala le corresponderá resolver la suspensión del procedimiento en que se ha originado la acción de inaplicabilidad por inconstitucionalidad.

En el caso del número 7°, una vez resuelta en sentencia previa la declaración de inaplicabilidad de un precepto legal, conforme al número 6° de este artículo, habrá acción pública para requerir al Tribunal la declaración de inconstitucionalidad, sin perjuicio de la facultad de éste para declararla de oficio. Corresponderá a la ley orgánica constitucional respectiva establecer los requisitos de admisibilidad, en el caso de que se ejerza la acción pública, como asimismo regular el procedimiento que deberá seguirse para actuar de oficio.

En los casos del número 8°, la cuestión podrá promoverse por cualquiera de las Cámaras o por una cuarta parte de sus miembros en ejercicio, dentro de los treinta días siguientes a la publicación del texto impugnado o dentro de los sesenta días siguientes a la fecha en que el Presidente de la República debió efectuar la promulgación de la ley. Si el Tribunal acogiera el reclamo, promulgará en su fallo la ley que no lo haya sido o rectificará la promulgación incorrecta.

En el caso del número 11°, el Tribunal sólo podrá conocer de la materia a requerimiento del Senado.

Habrá acción pública para requerir al Tribunal respecto de las atribuciones que se le confieren por los números 10° y 13° de este artículo.

Sin embargo, si en el caso del número 10° la persona afectada fuera el Presidente de la República o el Presidente electo, el requerimiento deberá formularse por la Cámara de Diputados o por la cuarta parte de sus miembros en ejercicio.

En el caso del número 12°, el requerimiento deberá ser deducido por cualquiera de las autoridades o tribunales en conflicto.

En el caso del número 14°, el Tribunal sólo podrá conocer de la materia a requerimiento del Presidente de la República o de no menos de diez parlamentarios en ejercicio.

En el caso del número 16°, el Tribunal sólo podrá conocer de la materia a requerimiento de cualquiera de las Cámaras efectuado dentro de los treinta días siguientes a la publicación o notificación del texto impugnado. En el caso de vicios que no se refieran a decretos que excedan la potestad reglamentaria autónoma del Presidente de la República también podrá una cuarta parte de los miembros en ejercicio deducir dicho requerimiento.

El Tribunal Constitucional podrá apreciar en conciencia los hechos cuando conozca de las atribuciones indicadas en los números 10°, 11° y 13°, como, asimismo, cuando conozca de las causales de cesación en el cargo de parlamentario.

En los casos de los numerales 10°, 13° y en el caso del numeral 2° cuando sea requerido por una parte, corresponderá a una sala del Tribunal pronunciarse sin ulterior recurso, de su admisibilidad.

Artículo 94.- Contra las resoluciones del Tribunal Constitucional no procederá recurso alguno, sin perjuicio de que puede, el mismo Tribunal, conforme a la ley, rectificar los errores de hecho en que hubiere incurrido.

Las disposiciones que el Tribunal declare inconstitucionales no podrán convertirse en ley en el proyecto o decreto con fuerza de ley de que se trate.

En el caso del Nº 16º del artículo 93, el decreto supremo impugnado quedará sin efecto de pleno derecho, con el solo mérito de la sentencia del Tribunal que acoja el reclamo. No obstante, el precepto declarado inconstitucional en conformidad a lo dispuesto en los numerales 2, 4 ó 7 del artículo 93, se entenderá derogado desde la publicación en el Diario Oficial de la sentencia que acoja el reclamo, la que no producirá efecto retroactivo.

Las sentencias que declaren la inconstitucionalidad de todo o parte de una ley, de un decreto con fuerza de ley, de un decreto supremo o auto acordado, en su caso, se publicarán en el Diario Oficial dentro de los tres días siguientes a su dictación.

Capítulo IX
SERVICIO ELECTORAL Y JUSTICIA ELECTORAL

Artículo 94 bis.- Un organismo autónomo, con personalidad jurídica y patrimonio propios, denominado Servicio Electoral, ejercerá la administración, supervigilancia y fiscalización de los procesos electorales y plebiscitarios; del cumplimiento de las normas sobre transparencia, límite y control del gasto electoral; de las normas sobre los partidos políticos, y las demás funciones que señale una ley orgánica constitucional.

La dirección superior del Servicio Electoral corresponderá a un Consejo Directivo, el que ejercerá de forma exclusiva las atribuciones que le encomienden la Constitución y las leyes. Dicho Consejo estará integrado por cinco consejeros designados por el Presidente de la República, previo acuerdo del Senado, adoptado por los dos tercios de sus miembros en ejercicio. Los Consejeros durarán diez años en sus cargos, no podrán ser designados para un nuevo período y se renovarán por parcialidades cada dos años.

Los Consejeros solo podrán ser removidos por la Corte Suprema, a requerimiento del Presidente de la República o de un tercio de los miembros en ejercicio de la Cámara de Diputados, por infracción grave a la Constitución o a las leyes, incapacidad, mal comportamiento o negligencia manifiesta en el ejercicio de sus funciones. La Corte conocerá del asunto en Pleno, especialmente convocado al efecto, y para acordar la remoción deberá reunir el voto conforme de la mayoría de sus miembros en ejercicio.

La organización y atribuciones del Servicio Electoral serán establecidas por una ley orgánica constitucional. Su forma de desconcentración, las plantas, remuneraciones y estatuto del personal serán establecidos por una ley.

Artículo 95.- Un tribunal especial, que se denominará Tribunal Calificador de Elecciones, conocerá del escrutinio general y de la calificación de las elecciones de Presidente de la República, de diputados y senadores; resolverá las reclamaciones a que dieren lugar y proclamará a los que resulten elegidos. Dicho Tribunal conocerá, asimismo, de los plebiscitos, y tendrá las demás atribuciones que determine la ley.

Estará constituido por cinco miembros designados en la siguiente forma:

a) Cuatro ministros de la Corte Suprema, designados por ésta, mediante sorteo, en la forma y oportunidad que determine la ley orgánica constitucional respectiva, y

b) Un ciudadano que hubiere ejercido el cargo de Presidente o Vicepresidente de la Cámara de Diputados o del Senado por un período no inferior a los 365 días, designado por la Corte Suprema en la forma señalada en la letra a) precedente, de entre todos aquéllos que reúnan las calidades indicadas.

Las designaciones a que se refiere la letra b) no podrán recaer en personas que sean parlamentario, candidato a cargos de elección popular, Ministro de Estado, ni dirigente de partido político.

Los miembros de este tribunal durarán cuatro años en sus funciones y les serán aplicables las disposiciones de los artículos 58 y 59 de esta Constitución.

El Tribunal Calificador procederá como jurado en la apreciación de los hechos y sentenciará con arreglo a derecho.

Una ley orgánica constitucional regulará la organización y funcionamiento del Tribunal Calificador.

Artículo 96.- Habrá tribunales electorales regionales encargados de conocer el escrutinio general y la calificación de las elecciones que la ley les encomiende, así como de resolver las reclamaciones a que dieren lugar y de proclamar a los candidatos electos. Sus resoluciones serán apelables para ante el Tribunal Calificador de Elecciones en la forma que determine la ley. Asimismo, les corresponderá conocer de la calificación de las elecciones de carácter gremial y de las que tengan lugar en aquellos grupos intermedios que la ley señale.

Estos tribunales estarán constituidos por un ministro de la Corte de Apelaciones respectiva, elegido por ésta, y por dos miembros designados por el Tribunal Calificador de Elecciones de entre personas que hayan ejercido la profesión de abogado o desempeñado la función de ministro o abogado integrante de Corte de Apelaciones por un plazo no inferior a tres años.

Los miembros de estos tribunales durarán cuatro años en sus funciones y tendrán las inhabilidades e incompatibilidades que determine la ley.

Estos tribunales procederán como jurado en la apreciación de los hechos y sentenciarán con arreglo a derecho.

La ley determinará las demás atribuciones de estos tribunales y regulará su organización y funcionamiento.

Artículo 97.- Anualmente, se destinarán en la Ley de Presupuestos de la Nación los fondos necesarios para la organización y funcionamiento de estos tribunales, cuyas plantas, remuneraciones y estatuto del personal serán establecidos por ley.

Capítulo X
CONTRALORÍA GENERAL DE LA REPÚBLICA

Artículo 98.- Un organismo autónomo con el nombre de Contraloría General de la República ejercerá el control de la legalidad de los actos de la Administración, fiscalizará el ingreso y la inversión de los fondos del Fisco, de las municipalidades y de los demás organismos y servicios que determinen las leyes; examinará y juzgará las cuentas de las personas que tengan a su cargo bienes de esas entidades; llevará la contabilidad general de la Nación, y desempeñará las demás funciones que le encomiende la ley orgánica constitucional respectiva.

El Contralor General de la República deberá tener a lo menos diez años de título de abogado, haber cumplido cuarenta años de edad y poseer las demás calidades necesarias para ser ciudadano con derecho a sufragio. Será designado por el Presidente de la República con acuerdo del Senado adoptado por los tres quintos de sus miembros en ejercicio, por un período de ocho años y no podrá ser designado para el período siguiente. Con todo, al cumplir 75 años de edad cesará en el cargo.

Artículo 99.- En el ejercicio de la función de control de legalidad, el Contralor General tomará razón de los decretos y resoluciones que, en conformidad a la ley, deben tramitarse por la Contraloría o representará la ilegalidad de que puedan adolecer; pero deberá darles curso cuando, a pesar de su representación, el Presidente de la República insista con la firma de todos sus Ministros, caso en el cual deberá enviar copia de los respectivos decretos a la Cámara de Diputados. En ningún caso dará curso a los decretos de gastos que excedan el límite señalado en la Constitución y remitirá copia íntegra de los antecedentes a la misma Cámara.

Corresponderá, asimismo, al Contralor General de la República tomar razón de los decretos con fuerza de ley, debiendo representarlos cuando ellos excedan o contravengan la ley delegatoria o sean contrarios a la Constitución.

Si la representación tuviere lugar con respecto a un decreto con fuerza de ley, a un decreto promulgatorio de una ley o de una reforma constitucional por apartarse del texto aprobado, o a un decreto o resolución por ser contrario a la Constitución, el Presidente de la República no tendrá la facultad de insistir, y en caso de no conformarse con la representación de la Contraloría deberá remitir los antecedentes al Tribunal Constitucional dentro del plazo de diez días, a fin de que éste resuelva la controversia.

En lo demás, la organización, el funcionamiento y las atribuciones de la Contraloría General de la República serán materia de una ley orgánica constitucional.

Artículo 100.- Las Tesorerías del Estado no podrán efectuar ningún pago sino en virtud de un decreto o resolución expedido por autoridad competente, en que se exprese la ley o la parte del presupuesto que autorice aquel gasto. Los pagos se efectuarán considerando, además, el orden cronológico establecido en ella y previa refrendación presupuestaria del documento que ordene el pago.

Capítulo XI
FUERZAS ARMADAS, DE ORDEN Y SEGURIDAD PÚBLICA

Artículo 101.- Las Fuerzas Armadas dependientes del Ministerio encargado de la Defensa Nacional están constituidas única y exclusivamente por el Ejército, la Armada y la Fuerza Aérea. Existen para la defensa de la patria y son esenciales para la seguridad nacional.

Las Fuerzas de Orden y Seguridad Pública están integradas sólo por Carabineros e Investigaciones. Constituyen la fuerza pública y existen para dar eficacia al derecho, garantizar el orden público y la seguridad pública interior, en la forma que lo determinen sus respectivas leyes orgánicas. Dependen del Ministerio encargado de la Seguridad Pública.

Las Fuerzas Armadas y Carabineros, como cuerpos armados, son esencialmente obedientes y no deliberantes. Las fuerzas dependientes de los Ministerios encargados de la Defensa Nacional y de la Seguridad Pública son, además, profesionales, jerarquizadas y disciplinadas.

Artículo 102.- La incorporación a las plantas y dotaciones de las Fuerzas Armadas y de Carabineros sólo podrá hacerse a través de sus propias Escuelas, con excepción de los escalafones profesionales y de empleados civiles que determine la ley.

Artículo 103.- Ninguna persona, grupo u organización podrá poseer o tener armas u otros elementos similares que señale una ley aprobada con quórum calificado, sin autorización otorgada en conformidad a ésta.

Una ley determinará el Ministerio o los órganos de su dependencia que ejercerán la supervigilancia y el control de las armas. Asimismo, establecerá los órganos públicos encargados de fiscalizar el cumplimiento de las normas relativas a dicho control.

Artículo 104.- Los Comandantes en Jefe del Ejército, de la Armada y de la Fuerza Aérea, y el General Director de Carabineros serán designados por el Presidente de la República de entre los cinco oficiales generales de mayor antigüedad, que reúnan las calidades que los respectivos estatutos institucionales exijan para tales cargos; durarán cuatro años en sus funciones, no podrán ser nombrados para un nuevo período y gozarán de inamovilidad en su cargo.

El Presidente de la República, mediante decreto fundado e informando previamente a la Cámara de Diputados y al Senado, podrá llamar a retiro a los Comandantes en Jefe del Ejército, de la Armada y de la Fuerza Aérea y al General Director de Carabineros, en su caso, antes de completar su respectivo período.

Artículo 105.- Los nombramientos, ascensos y retiros de los oficiales de las Fuerzas Armadas y Carabineros, se efectuarán por decreto supremo, en conformidad a la ley orgánica constitucional correspondiente, la que determinará las normas básicas respectivas, así como las normas básicas referidas a la carrera profesional, incorporación a sus plantas, previsión, antigüedad, mando, sucesión de mando y presupuesto de las Fuerzas Armadas y Carabineros.

El ingreso, los nombramientos, ascensos y retiros en Investigaciones se efectuarán en conformidad a su ley orgánica.

Capítulo XII
CONSEJO DE SEGURIDAD NACIONAL

Artículo 106.- Habrá un Consejo de Seguridad Nacional encargado de asesorar al Presidente de la República en las materias vinculadas a la seguridad nacional y de ejercer las demás funciones que esta Constitución le encomienda. Será presidido por el Jefe del Estado y estará integrado por los Presidentes del Senado, de la Cámara de Diputados y de la Corte Suprema, por los Comandantes en Jefe de las Fuerzas Armadas, por el General Director de Carabineros y por el Contralor General de la República.

En los casos que el Presidente de la República lo determine, podrán estar presentes en sus sesiones los ministros encargados del gobierno interior, de la defensa nacional, de la seguridad pública, de las relaciones exteriores y de la economía y finanzas del país.

Artículo 107.- El Consejo de Seguridad Nacional se reunirá cuando sea convocado por el Presidente de la República y requerirá como quórum para sesionar el de la mayoría absoluta de sus integrantes.

El Consejo no adoptará acuerdos sino para dictar el reglamento a que se refiere el inciso final de la presente disposición. En sus sesiones, cualquiera de sus integrantes podrá expresar su opinión frente a algún hecho, acto o materia que diga relación con las bases de la institucionalidad o la seguridad nacional.

Las actas del Consejo serán públicas, a menos que la mayoría de sus miembros determine lo contrario.

Un reglamento dictado por el propio Consejo establecerá las demás disposiciones concernientes a su organización, funcionamiento y publicidad de sus debates.

Capítulo XIII
BANCO CENTRAL

Artículo 108.- Existirá un organismo autónomo, con patrimonio propio, de carácter técnico, denominado Banco Central, cuya composición, organización, funciones y atribuciones determinará una ley orgánica constitucional.

Artículo 109.- El Banco Central sólo podrá efectuar operaciones con instituciones financieras, sean públicas o privadas. De manera alguna podrá otorgar a ellas su garantía, ni adquirir documentos emitidos por el Estado, sus organismos o empresas.

Sin perjuicio de lo anterior, en situaciones excepcionales y transitorias, en las que así lo requiera la preservación del normal funcionamiento de los pagos internos y externos, el Banco Central podrá comprar durante un período determinado y vender, en el mercado secundario abierto, instrumentos de deuda emitidos por el Fisco, de conformidad a lo establecido en su ley orgánica constitucional.

Ningún gasto público o préstamo podrá financiarse con créditos directos o indirectos del Banco Central.

Con todo, en caso de guerra exterior o de peligro de ella, que calificará el Consejo de Seguridad Nacional, el Banco Central podrá obtener, otorgar o financiar créditos al Estado y entidades públicas o privadas.

El Banco Central no podrá adoptar ningún acuerdo que signifique de una manera directa o indirecta establecer normas o requisitos diferentes o discriminatorios en relación a personas, instituciones o entidades que realicen operaciones de la misma naturaleza.

Capítulo XIV
GOBIERNO Y ADMINISTRACIÓN INTERIOR DEL ESTADO

Artículo 110.- Para el gobierno y administración interior del Estado, el territorio de la República se divide en regiones y éstas en provincias. Para los efectos de la administración local, las provincias se dividirán en comunas.

La creación, supresión y denominación de regiones, provincias y comunas; la modificación de sus límites, así como la fijación de las capitales de las regiones y provincias, serán materia de ley orgánica constitucional.

Gobierno y Administración Regional

Artículo 111.- La administración superior de cada región reside en un gobierno regional, que tendrá por objeto el desarrollo social, cultural y económico de la región.

El gobierno regional estará constituido por un gobernador regional y el consejo regional. Para el ejercicio de sus funciones, el gobierno regional gozará de personalidad jurídica de derecho público y tendrá patrimonio propio.

El gobernador regional será el órgano ejecutivo del gobierno regional, correspondiéndole presidir el consejo y ejercer las funciones y atribuciones que la ley orgánica constitucional determine, en coordinación con los demás órganos y servicios públicos creados para el cumplimiento de la función administrativa. Asimismo, le corresponderá la coordinación, supervigilancia o fiscalización de los servicios públicos que dependan o se relacionen con el gobierno regional.

El gobernador regional será elegido por sufragio universal en votación directa. Será electo el candidato a gobernador regional que obtuviere la mayoría de los sufragios válidamente emitidos y siempre que dicha mayoría sea equivalente, al menos, al cuarenta por ciento de los votos válidamente emitidos, en conformidad a lo que disponga la ley orgánica constitucional respectiva. Durará en el ejercicio de sus funciones por el término de cuatro años, pudiendo ser reelegido consecutivamente sólo para el período siguiente.

Si a la elección del gobernador regional se presentaren más de dos candidatos y ninguno de ellos obtuviere al menos cuarenta por ciento de los sufragios válidamente emitidos, se procederá a una segunda votación que se circunscribirá a los candidatos que hayan obtenido las dos más altas mayorías relativas y en ella resultará electo aquel de los candidatos que obtenga el mayor número de sufragios. Esta nueva votación se verificará en la forma que determine la ley.

Para los efectos de lo dispuesto en los dos incisos precedentes, los votos en blanco y los nulos se considerarán como no emitidos.

La ley orgánica constitucional respectiva establecerá las causales de inhabilidad, incompatibilidad, subrogación, cesación y vacancia del cargo de gobernador regional, sin perjuicio de lo dispuesto en los artículos 124 y 125.

Artículo 112.- Derogado.

Artículo 113.- El consejo regional será un órgano de carácter normativo, resolutivo y fiscalizador, dentro del ámbito propio de competencia del gobierno regional, encargado de hacer efectiva la participación de la ciudadanía regional y ejercer las atribuciones que la ley orgánica constitucional respectiva le encomiende.

El consejo regional estará integrado por consejeros elegidos por sufragio universal en votación directa, de conformidad con la ley orgánica constitucional respectiva. Durarán cuatro años en sus cargos y podrán ser reelegidos sucesivamente en el cargo hasta por dos períodos. La misma ley establecerá la organización del consejo regional, determinará el número de consejeros que lo integrarán y su forma de reemplazo, cuidando siempre que tanto la población como el territorio de la región estén equitativamente representados.

El consejo regional podrá fiscalizar los actos del gobierno regional. Para ejercer esta atribución el consejo regional, con el voto conforme de un tercio de los consejeros regionales presentes, podrá adoptar acuerdos o sugerir observaciones que se transmitirán por escrito al gobernador regional, quien deberá dar respuesta fundada dentro de treinta días.

Las demás atribuciones fiscalizadoras del consejo regional y su ejercicio serán determinadas por la ley orgánica constitucional respectiva.

Sin perjuicio de lo anterior, cualquier consejero regional podrá requerir del gobernador regional o delegado presidencial regional la información necesaria al efecto, quienes deberán contestar fundadamente dentro del plazo señalado en el inciso tercero.

Cesará en su cargo el consejero regional que durante su ejercicio perdiere alguno de los requisitos de elegibilidad o incurriere en alguna de las inhabilidades, incompatibilidades, incapacidades u otras causales de cesación que la ley orgánica constitucional establezca.

Lo señalado en los incisos precedentes respecto del consejo regional y de los consejeros regionales será aplicable, en lo que corresponda, a los territorios especiales a que se refiere el artículo 126 bis.

Inciso Suprimido.

La ley orgánica constitucional determinará las funciones y atribuciones del presidente del consejo regional.

Corresponderá al consejo regional aprobar el proyecto de presupuesto de la respectiva región considerando, para tal efecto, los recursos asignados a ésta en la Ley de Presupuestos, sus recursos propios y los que provengan de los convenios de programación.

Los Senadores y Diputados que representen a las circunscripciones y distritos de la región podrán, cuando lo estimen conveniente, asistir a las sesiones del consejo regional y tomar parte en sus debates, sin derecho a voto.

Artículo 114.- La ley orgánica constitucional respectiva determinará la forma y el modo en que el Presidente de la República transferirá a uno o más gobiernos regionales, en carácter temporal o definitivo, una o más competencias de los ministerios y servicios públicos creados para el cumplimiento de la función administrativa, en materias de ordenamiento territorial, fomento de las actividades productivas y desarrollo social y cultural.

Artículo 115.- Para el gobierno y administración interior del Estado a que se refiere el presente capítulo se observará como principio básico la búsqueda de un desarrollo territorial armónico y equitativo. Las leyes que se dicten al efecto deberán velar por el cumplimiento y aplicación de dicho principio, incorporando asimismo criterios de solidaridad entre las regiones, como al interior de ellas, en lo referente a la distribución de los recursos públicos.

Sin perjuicio de los recursos que para su funcionamiento se asignen a los gobiernos regionales en la Ley de Presupuestos de la Nación y de aquellos que provengan de lo dispuesto en el Nº 20º del artículo 19, dicha ley contemplará una proporción del total de los gastos de inversión pública que determine, con la denominación de fondo nacional de desarrollo regional.

La Ley de Presupuestos de la Nación contemplará, asimismo, gastos correspondientes a inversiones sectoriales de asignación regional cuya distribución entre regiones responderá a criterios de equidad y eficiencia, tomando en consideración los programas nacionales de inversión correspondientes. La asignación de tales gastos al interior de cada región corresponderá al gobierno regional.

A iniciativa de los gobiernos regionales o de uno o más ministerios podrán celebrarse convenios anuales o plurianuales de programación de inversión pública entre gobiernos regionales, entre éstos y uno o más ministerios o entre gobiernos regionales y municipalidades, cuyo cumplimiento será obligatorio. La ley orgánica constitucional respectiva establecerá las normas generales que regularán la suscripción, ejecución y exigibilidad de los referidos convenios.

La ley podrá autorizar a los gobiernos regionales y a las empresas públicas para asociarse con personas naturales o jurídicas a fin de propiciar actividades e iniciativas sin fines de lucro que contribuyan al desarrollo regional. Las entidades que al efecto se constituyan se regularán por las normas comunes aplicables a los particulares.

Lo dispuesto en el inciso anterior se entenderá sin perjuicio de lo establecido en el número 21° del artículo 19.

Artículo 115 bis.- En cada región existirá una delegación presidencial regional, a cargo de un delegado presidencial regional, el que ejercerá las funciones y atribuciones del Presidente de la República en la región, en conformidad a la ley. El delegado presidencial regional será el representante natural e inmediato, en el territorio de su jurisdicción, del Presidente de la República y será nombrado y removido libremente por él. El delegado presidencial regional ejercerá sus funciones con arreglo a las leyes y a las órdenes e instrucciones del Presidente de la República.

Al delegado presidencial regional le corresponderá la coordinación, supervigilancia o fiscalización de los servicios públicos creados por ley para el cumplimiento de las funciones administrativas que operen en la región que dependan o se relacionen con el Presidente de la República a través de un Ministerio.

Gobierno y Administración Provincial

Artículo 116.- En cada provincia existirá una delegación presidencial provincial, que será un órgano territorialmente desconcentrado del delegado presidencial regional, y estará a cargo de un delegado presidencial provincial, quien será nombrado y removido libremente por el Presidente de la República. En la provincia asiento de la capital regional, el delegado presidencial regional ejercerá las funciones y atribuciones del delegado presidencial provincial.

Corresponde al delegado presidencial provincial ejercer, de acuerdo a las instrucciones del delegado presidencial regional, la supervigilancia de los servicios públicos existentes en la provincia. La ley determinará las atribuciones que podrá delegarle el delegado presidencial regional y las demás que le corresponden.

Artículo 117.- Los delegados presidenciales provinciales, en los casos y forma que determine la ley, podrán designar encargados para el ejercicio de sus facultades en una o más localidades.

Administración Comunal

Artículo 118.- La administración local de cada comuna o agrupación de comunas que determine la ley reside en una municipalidad, la que estará constituida por el alcalde, que es su máxima autoridad, y por el concejo. Los alcaldes serán elegidos por sufragio universal de conformidad a la ley orgánica constitucional de municipalidades, durarán cuatro años en sus cargos y podrán ser reelegidos sucesivamente en el cargo hasta por dos períodos.

La ley orgánica constitucional respectiva establecerá las modalidades y formas que deberá asumir la participación de la comunidad local en las actividades municipales.

Los alcaldes, en los casos y formas que determine la ley orgánica constitucional respectiva, podrán designar delegados para el ejercicio de sus facultades en una o más localidades.

Las municipalidades son corporaciones autónomas de derecho público, con personalidad jurídica y patrimonio propio, cuya finalidad es satisfacer las necesidades de la comunidad local y asegurar su participación en el progreso económico, social y cultural de la comuna.

Una ley orgánica constitucional determinará las funciones y atribuciones de las municipalidades. Dicha ley señalará, además, las materias de competencia municipal que el alcalde, con acuerdo del concejo o a requerimiento de los 2/3 de los concejales en ejercicio, o de la proporción de ciudadanos que establezca la ley, someterá a consulta no vinculante o a plebiscito, así como las oportunidades, forma de la convocatoria y efectos.

Las municipalidades podrán asociarse entre ellas en conformidad a la ley orgánica constitucional respectiva, pudiendo dichas asociaciones gozar de personalidad jurídica de derecho privado. Asimismo, podrán constituir o integrar corporaciones o fundaciones de derecho privado sin fines de lucro cuyo objeto sea la promoción y difusión del arte, la cultura y el deporte, o el fomento de obras de desarrollo comunal y productivo. La participación municipal en ellas se regirá por la citada ley orgánica constitucional.

Las municipalidades podrán establecer en el ámbito de las comunas o agrupación de comunas, de conformidad con la ley orgánica constitucional respectiva, territorios denominados unidades vecinales, con el objeto de propender a un desarrollo equilibrado y a una adecuada canalización de la participación ciudadana.

Los servicios públicos deberán coordinarse con el municipio cuando desarrollen su labor en el territorio comunal respectivo, en conformidad con la ley.

La ley determinará la forma y el modo en que los ministerios, servicios públicos y gobiernos regionales podrán transferir competencias a las municipalidades, como asimismo el carácter provisorio o definitivo de la transferencia.

Artículo 119.- En cada municipalidad habrá un concejo integrado por concejales elegidos por sufragio universal en conformidad a la ley orgánica constitucional de municipalidades. Durarán cuatro años en sus cargos y podrán ser reelegidos sucesivamente en el cargo hasta por dos períodos.

La misma ley determinará el número de concejales y la forma de elegir al alcalde.

El concejo será un órgano encargado de hacer efectiva la participación de la comunidad local, ejercerá funciones normativas, resolutivas y fiscalizadoras y otras atribuciones que se le encomienden, en la forma que determine la ley orgánica constitucional respectiva.

La ley orgánica de municipalidades determinará las normas sobre organización y funcionamiento del concejo y las materias en que la consulta del alcalde al concejo será obligatoria y aquellas en que necesariamente se requerirá el acuerdo de éste. En todo caso, será necesario dicho acuerdo para la aprobación del plan comunal de desarrollo, del presupuesto municipal y de los proyectos de inversión respectivos.

Artículo 120.- La ley orgánica constitucional respectiva regulará la administración transitoria de las comunas que se creen, el procedimiento de instalación de las nuevas municipalidades, de traspaso del personal municipal y de los servicios y los resguardos necesarios para cautelar el uso y disposición de los bienes que se encuentren situados en los territorios de las nuevas comunas.

Asimismo, la ley orgánica constitucional de municipalidades establecerá los procedimientos que deberán observarse en caso de supresión o fusión de una o más comunas.

Artículo 121.- Las municipalidades, para el cumplimiento de sus funciones, podrán crear o suprimir empleos y fijar remuneraciones, como también establecer los órganos o unidades que la ley orgánica constitucional respectiva permita.

Estas facultades se ejercerán dentro de los límites y requisitos que, a iniciativa exclusiva del Presidente de la República, determine la ley orgánica constitucional de municipalidades.

Artículo 122.- Las municipalidades gozarán de autonomía para la administración de sus finanzas. La Ley de Presupuestos de la Nación podrá asignarles recursos para atender sus gastos, sin perjuicio de los ingresos que directamente se les confieran por la ley o se les otorguen por los gobiernos regionales respectivos. Una ley orgánica constitucional contemplará un mecanismo de redistribución solidaria de los ingresos propios entre las municipalidades del país con la denominación de fondo común municipal. Las normas de distribución de este fondo serán materia de ley.

Disposiciones Generales

Artículo 123.- La ley establecerá fórmulas de coordinación para la administración de todos o algunos de los municipios, con respecto a los problemas que les sean comunes, así como entre los municipios y los demás servicios públicos.

Sin perjuicio de lo dispuesto en el inciso anterior, la ley orgánica constitucional respectiva regulará la administración de las áreas metropolitanas, y establecerá las condiciones y formalidades que permitan conferir dicha calidad a determinados territorios

Artículo 124.- Para ser elegido gobernador regional, consejero regional, alcalde o concejal y para ser designado delegado presidencial regional o delegado presidencial provincial, se requerirá ser ciudadano con derecho a sufragio, tener los demás requisitos de idoneidad que la ley señale, en su caso, y residir en la región a lo menos en los últimos dos años anteriores a su designación o elección.

Los cargos de gobernador regional, consejero regional, alcalde, concejal, delegado presidencial regional y delegado presidencial provincial serán incompatibles entre sí.

El cargo de gobernador regional es incompatible con todo otro empleo o comisión retribuidos con fondos del Fisco, de las municipalidades, de las entidades fiscales autónomas, semifiscales o de las empresas del Estado o en las que el Fisco tenga intervención por aportes de capital, y con toda otra función o comisión de la misma naturaleza. Se exceptúan los empleos docentes y las funciones o comisiones de igual carácter de la enseñanza superior, media y especial, dentro de los límites que fije la ley. Asimismo, el cargo de gobernador regional es incompatible con las funciones de directores o consejeros, aun cuando sean ad honorem, en las entidades fiscales autónomas, semifiscales o en las empresas estatales, o en las que el Estado tenga participación por aporte de capital.

Por el solo hecho de su proclamación por el Tribunal Calificador de Elecciones, el gobernador regional electo cesará en todo otro cargo, empleo o comisión que desempeñe.

Ningún gobernador regional, desde el momento de su proclamación por el Tribunal Calificador de Elecciones, puede ser nombrado para un empleo, función o comisión de los referidos en los incisos precedentes. Sin perjuicio de lo anterior, esta disposición no rige en caso de guerra exterior; pero sólo los cargos conferidos en estado de guerra son compatibles con las funciones de gobernador regional.

Ningún gobernador regional, delegado presidencial regional o delegado presidencial provincial, desde el día de su elección o designación, según el caso, puede ser acusado o privado de su libertad, salvo el caso de delito flagrante, si el Tribunal de Alzada de la jurisdicción respectiva, en pleno, no autoriza previamente la acusación declarando haber lugar a la formación de causa. De esta resolución podrá apelarse ante la Corte Suprema.

En caso de ser arrestado algún gobernador regional, delegado presidencial regional o delegado presidencial provincial por delito flagrante, será puesto inmediatamente a disposición del Tribunal de Alzada respectivo, con la información sumaria correspondiente. El Tribunal procederá, entonces, conforme a lo dispuesto en el inciso anterior.

Desde el momento en que se declare, por resolución firme, haber lugar a formación de causa, queda el gobernador regional, delegado presidencial regional o delegado presidencial provincial imputado suspendido de su cargo y sujeto al juez competente.

Artículo 125.- Las leyes orgánicas constitucionales respectivas establecerán las causales de cesación en los cargos de gobernador regional, de alcalde, consejero regional y concejal.

Con todo, cesarán en sus cargos las autoridades mencionadas que hayan infringido gravemente las normas sobre transparencia, límites y control del gasto electoral, desde la fecha que lo declare por sentencia firme el Tribunal Calificador de Elecciones, a requerimiento del Consejo Directivo del Servicio Electoral. Una ley orgánica constitucional señalará los casos en que existe una infracción grave.

Asimismo, quien perdiere el cargo de gobernador regional, de alcalde, consejero regional o concejal, de acuerdo a lo establecido en el inciso anterior, no podrá optar a ninguna función o empleo público por el término de tres años, ni podrá ser candidato a cargos de elección popular en los dos actos electorales inmediatamente siguientes a su cesación.

Artículo 125 bis.- Para determinar el límite a la reelección que se aplica a los gobernadores regionales, consejeros regionales, alcaldes y concejales, se considerará que han ejercido su cargo durante un período cuando hayan cumplido más de la mitad de su mandato.

Artículo 126.- La ley determinará la forma de resolver las cuestiones de competencia que pudieren suscitarse entre las autoridades nacionales, regionales, provinciales y comunales.

Asimismo, establecerá el modo de dirimir las discrepancias que se produzcan entre el gobernador regional y el consejo regional, así como entre el alcalde y el concejo.

Disposiciones Especiales

Artículo 126 bis.- Son territorios especiales los correspondientes a Isla de Pascua y al Archipiélago Juan Fernández. El Gobierno y Administración de estos territorios se regirá por los estatutos especiales que establezcan las leyes orgánicas constitucionales respectivas.

Los derechos a residir, permanecer y trasladarse hacia y desde cualquier lugar de la República, garantizados en el numeral 7° del artículo 19, se ejercerán en dichos territorios en la forma que determinen las leyes especiales que regulen su ejercicio, las que deberán ser de quórum calificado.

CAPÍTULO XV
REFORMA DE LA CONSTITUCIÓN Y DEL PROCEDIMIENTO PARA ELABORAR UNA NUEVA CONSTITUCIÓN DE LA REPÚBLICA

Artículo 127.- Los proyectos de reforma de la Constitución podrán ser iniciados por mensaje del Presidente de la República o por moción de cualquiera de los miembros del Congreso Nacional, con las limitaciones señaladas en el inciso primero del artículo 65.

El proyecto de reforma necesitará para ser aprobado en cada Cámara el voto conforme de las cuatro séptimas partes de los diputados y senadores en ejercicio.

En lo no previsto en este Capítulo, serán aplicables a la tramitación de los proyectos de reforma constitucional las normas sobre formación de la ley, debiendo respetarse siempre los quórums señalados en el inciso anterior.

Artículo 128.- El proyecto que aprueben ambas Cámaras pasará al Presidente de la República.

Si el Presidente de la República rechazare totalmente un proyecto de reforma aprobado por ambas Cámaras y éstas insistieren en su totalidad por las dos terceras partes de los miembros en ejercicio de cada Cámara, el Presidente deberá promulgar dicho proyecto, a menos que consulte a la ciudadanía mediante plebiscito.

Si el Presidente observare parcialmente un proyecto de reforma aprobado por ambas Cámaras, las observaciones se entenderán aprobadas con el voto conforme de las cuatro séptimas partes de los miembros en ejercicio de cada Cámara y se devolverá al Presidente para su promulgación.

En caso de que las Cámaras no aprueben todas o algunas de las observaciones del Presidente, no habrá reforma constitucional sobre los puntos en discrepancia, a menos que ambas Cámaras insistieren por los dos tercios de sus miembros en ejercicio en la parte del proyecto aprobado por ellas. En este último caso, se devolverá al Presidente la parte del proyecto que haya sido objeto de insistencia para su promulgación, salvo que éste consulte a la ciudadanía para que se pronuncie mediante un plebiscito, respecto de las cuestiones en desacuerdo.

La ley orgánica constitucional relativa al Congreso regulará en lo demás lo concerniente a los vetos de los proyectos de reforma y a su tramitación en el Congreso.

Artículo 129.- La convocatoria a plebiscito deberá efectuarse dentro de los treinta días siguientes a aquel en que ambas Cámaras insistan en el proyecto aprobado por ellas, y se ordenará mediante decreto supremo que fijará la fecha de la votación plebiscitaria, la que se celebrará ciento veinte días después de la publicación de dicho decreto si ese día correspondiere a un domingo. Si así no fuere, ella se realizará el domingo inmediatamente siguiente. Transcurrido este plazo sin que el Presidente convoque a plebiscito, se promulgará el proyecto que hubiere aprobado el Congreso.

El decreto de convocatoria contendrá, según corresponda, el proyecto aprobado por ambas Cámaras y vetado totalmente por el Presidente de la República, o las cuestiones del proyecto en las cuales el Congreso haya insistido. En este último caso, cada una de las cuestiones en desacuerdo deberá ser votada separadamente en el plebiscito.

El Tribunal Calificador comunicará al Presidente de la República el resultado del plebiscito, y especificará el texto del proyecto aprobado por la ciudadanía, el que deberá ser promulgado como reforma constitucional dentro de los cinco días siguientes a dicha comunicación.

Una vez promulgado el proyecto y desde la fecha de su vigencia, sus disposiciones formarán parte de la Constitución y se tendrán por incorporadas a ésta.

Del procedimiento para elaborar una nueva Constitución Política de la República

Artículo 130. Del Plebiscito Nacional.- Tres días después de la entrada en vigencia de este artículo, el Presidente de la República convocará mediante un decreto supremo exento a un plebiscito nacional para el día 25 de octubre del 2020.

En el plebiscito señalado, la ciudadanía dispondrá de dos cédulas electorales. La primera contendrá la siguiente pregunta: «¿Quiere usted una Nueva Constitución?». Bajo la cuestión planteada habrá dos rayas horizontales, una al lado de la otra. La primera línea tendrá en su parte inferior la expresión «Apruebo» y la segunda, la expresión «Rechazo», a fin de que el elector pueda marcar su preferencia sobre una de las alternativas.

La segunda cédula contendrá la pregunta: «¿Qué tipo de órgano debiera redactar la Nueva Constitución?». Bajo la cuestión planteada habrá dos rayas horizontales, una al lado de la otra. La primera de ellas tendrá en su parte inferior la expresión «Convención Mixta Constitucional» y la segunda, la expresión «Convención Constitucional». Bajo la expresión «Convención Mixta Constitucional» se incorporará la oración: «Integrada en partes iguales por miembros elegidos popularmente y parlamentarios o parlamentarias en ejercicio». Bajo la expresión «Convención Constitucional» se incorporará la oración: «Integrada exclusivamente por miembros elegidos popularmente», a fin de que el elector pueda marcar su preferencia sobre una de las alternativas.

A efecto de este plebiscito, se aplicarán las disposiciones pertinentes contenidas en los siguientes cuerpos legales, en su texto vigente al 1 de enero de 2020:

a) Decreto con fuerza de ley Nº 2, del año 2017, del Ministerio Secretaría General de la Presidencia, que fija el texto refundido, coordinado y sistematizado de la ley Nº 18.700, orgánica constitucional sobre Votaciones Populares y Escrutinios, en los siguientes pasajes: Párrafo V, Párrafo VI, con excepción del inciso sexto del artículo 32 e incisos segundo a cuarto del artículo 33, Párrafo VII, VIII, IX, X y XI del Título I; Título II al X inclusive; Título XII y XIII;

b) Decreto con fuerza de ley Nº 5, del año 2017, del Ministerio Secretaría General de la Presidencia, que fija el texto refundido, coordinado y sistematizado de la ley Nº 18.556, orgánica constitucional sobre Sistema de Inscripciones Electorales y Servicio Electoral;

c) Decreto con fuerza de ley Nº 4, del año 2017, del Ministerio Secretaría General de la Presidencia, que fija el texto refundido, coordinado y sistematizado de la ley N° 18.603, orgánica constitucional de Partidos Políticos, en los siguientes pasajes: Título I, V, VI, IX y X.

Los canales de televisión de libre recepción deberán destinar gratuitamente treinta minutos diarios de sus transmisiones a propaganda electoral sobre este plebiscito, debiendo dar expresión a las dos opciones contempladas en cada cédula, conforme a un acuerdo que adoptará el Consejo Nacional de Televisión y que será publicado en el Diario Oficial, dentro del plazo de treinta días contado desde la publicación de la convocatoria al plebiscito nacional, respetando una estricta igualdad de promoción de las opciones plebiscitadas. De este acuerdo podrá reclamarse ante el Tribunal Calificador de Elecciones dentro del plazo de tres días contado desde la publicación del mismo. El Tribunal Calificador de Elecciones resolverá la reclamación sumariamente dentro del plazo de cinco días contado desde la fecha de su respectiva interposición.

El Tribunal Calificador de Elecciones conocerá del escrutinio general y proclamará aprobadas las cuestiones que hayan obtenido más de la mitad de los sufragios válidamente emitidos. Para estos efectos, los votos nulos y blancos se considerarán como no emitidos. El proceso de calificación del plebiscito nacional deberá quedar concluido dentro de los treinta días siguientes a la fecha de éste. La sentencia de proclamación del plebiscito será comunicada dentro de los tres días siguientes de su dictación al Presidente de la República y al Congreso Nacional.

Si la ciudadanía hubiere aprobado elaborar una Nueva Constitución, el Presidente de la República deberá convocar, mediante decreto supremo exento, dentro de los cinco días siguientes a la comunicación a que alude el inciso anterior, a elección de los miembros de la Convención Mixta Constitucional o Convención Constitucional, según corresponda. Esta elección se llevará a cabo los días 15 y 16 de mayo de 2021.

Artículo 131. De la Convención.- Para todos los efectos de este epígrafe, se entenderá que la voz «Convención» sin más, hace referencia a la Convención Mixta Constitucional y a la Convención Constitucional, sin distinción alguna.

A los integrantes de la Convención se les llamará Convencionales Constituyentes.

Además de lo establecido en los artículos 139, 140 y 141 de la Constitución, a la elección de Convencionales Constituyentes a la que hace referencia el inciso final del artículo 130, serán aplicables las disposiciones pertinentes a la elección de diputados, contenidas en los siguientes cuerpos legales, en su texto vigente al 25 de junio del año 2020:

a) Decreto con fuerza de ley Nº 2, del año 2017, del Ministerio Secretaría General de la Presidencia, que fija el texto refundido, coordinado y sistematizado de la ley Nº 18.700, orgánica constitucional sobre Votaciones Populares y Escrutinios;

b) Decreto con fuerza de ley Nº 5, del año 2017, del Ministerio Secretaría General de la Presidencia, que fija el texto refundido, coordinado y sistematizado de la ley Nº 18.556, orgánica constitucional sobre Sistema de Inscripciones Electorales y Servicio Electoral;

c) Decreto con fuerza de ley Nº 4, del año 2017, del Ministerio Secretaría General de la Presidencia, que fija el texto refundido, coordinado y sistematizado de la ley Nº 18.603, orgánica constitucional de Partidos Políticos;

d) Decreto con fuerza de ley Nº 3, del año 2017, del Ministerio Secretaría General de la Presidencia, que fija el texto refundido, coordinado y sistematizado de la ley Nº 19.884, sobre Transparencia, Límite y Control del Gasto Electoral.

El proceso de calificación de la elección de Convencionales Constituyentes deberá quedar concluido dentro de los treinta días siguientes a la fecha de ésta. La sentencia de proclamación será comunicada dentro de los tres días siguientes de su dictación al Presidente de la República y al Congreso Nacional.

Artículo 132. De los requisitos e incompatibilidades de los candidatos.- Podrán ser candidatos a la Convención aquellos ciudadanos que reúnan las condiciones contempladas en el artículo 13 de la Constitución.

No será aplicable a los candidatos a esta elección ningún otro requisito, inhabilidad o prohibición, salvo las establecidas en este epígrafe y con excepción de las normas sobre afiliación e independencia de las candidaturas establecidas en el artículo 5, incisos cuarto y sexto, del decreto con fuerza de ley N° 2, del año 2017, del Ministerio Secretaría General de la Presidencia, que fija el texto refundido, coordinado y sistematizado de la ley N° 18.700, orgánica constitucional sobre Votaciones Populares y Escrutinios.

Los Ministros de Estado, los intendentes, los gobernadores, los alcaldes, los consejeros regionales, los concejales, los subsecretarios, los secretarios regionales ministeriales, los jefes de servicio, los miembros del Consejo del Banco Central, los miembros del Consejo del Servicio Electoral, los miembros y funcionarios de los diferentes escalafones del Poder Judicial, del Ministerio Público, de la Contraloría General de la República, así como los del Tribunal Constitucional, del Tribunal de Defensa de la Libre Competencia, del Tribunal de Contratación Pública, del Tribunal Calificador de Elecciones y de los tribunales electorales regionales; los consejeros del Consejo para la Transparencia, y los miembros activos de las Fuerzas Armadas y de Orden y Seguridad Pública, que declaren sus candidaturas a miembros de la Convención, cesarán en sus cargos por el solo ministerio de la Constitución, desde el momento en que sus candidaturas sean inscritas en el Registro Especial a que hace referencia el inciso primero del artículo 21 del decreto con fuerza de ley N° 2, del año 2017, del Ministerio Secretaría General de la Presidencia, que fija el texto refundido, coordinado y sistematizado de la ley N° 18.700. Lo dispuesto precedentemente le será aplicable a los senadores y diputados solo respecto de la Convención Constitucional.

Las personas que desempeñen un cargo directivo de naturaleza gremial o vecinal deberán suspender dichas funciones desde el momento que sus candidaturas sean inscritas en el Registro Especial mencionado en el inciso anterior.

Artículo 133. Del funcionamiento de la Convención.- Dentro de los tres días siguientes a la recepción de la comunicación a que hace referencia el inciso final del artículo 131, el Presidente de la República convocará, mediante decreto supremo exento, a la primera sesión de instalación de la Convención, señalando además, el lugar de la convocatoria. En caso de no señalarlo, se instalará en la sede del Congreso Nacional. Dicha instalación deberá realizarse dentro de los quince días posteriores a la fecha de publicación del decreto.

En su primera sesión, la Convención deberá elegir a un Presidente y a un Vicepresidente por mayoría absoluta de sus miembros en ejercicio.

La Convención deberá aprobar las normas y el reglamento de votación de las mismas por un quórum de dos tercios de sus miembros en ejercicio.

La Convención no podrá alterar los quórum ni procedimientos para su funcionamiento y para la adopción de acuerdos.

La Convención deberá constituir una secretaría técnica, la que será conformada por personas de comprobada idoneidad académica o profesional.

Corresponderá al Presidente de la República, o a los órganos que éste determine, prestar el apoyo técnico, administrativo y financiero que sea necesario para la instalación y funcionamiento de la Convención.

Artículo 134. Del estatuto de los Convencionales Constituyentes.- A los integrantes de la Convención les será aplicable lo establecido en los artículos 51, con excepción de los incisos primero y segundo; 58, 59, 60 y 61. Sin perjuicio de lo dispuesto en el artículo 60, los convencionales constituyentes podrán renunciar a su cargo cuando hechos graves afecten severamente su desempeño o pongan en riesgo el funcionamiento de la Convención Constitucional, y así lo califique el Tribunal Calificador de Elecciones.

A contar de la proclamación del Tribunal Calificador de Elecciones, los funcionarios públicos, con excepción de los mencionados en el inciso tercero del artículo 132, así como los trabajadores de las empresas del Estado, podrán hacer uso de un permiso sin goce de remuneraciones mientras sirvan a la Convención, en cuyo caso no les serán aplicables lo señalado en el inciso primero del artículo 58 de la Constitución.

Los Convencionales Constituyentes estarán afectos a las normas de la ley Nº 20.880, sobre probidad en la función pública y prevención de los conflictos de interés, aplicables a los diputados, y a la ley Nº 20.730, que regula el lobby y las gestiones que representen intereses particulares ante las autoridades y funcionarios.

Serán compatibles los cargos de parlamentario e integrantes de la Convención Mixta Constitucional. Los diputados y senadores que integren esta convención quedarán eximidos de su obligación de asistir a las sesiones de sala y comisión del Congreso durante el período en que ésta se mantenga en funcionamiento. El Congreso Nacional podrá incorporar medidas de organización para un adecuado trabajo legislativo mientras la Convención Mixta Constitucional se encuentre en funcionamiento.

Los integrantes de la Convención, con excepción de los parlamentarios que la integren, recibirán una retribución mensual de 50 unidades tributarias mensuales, además de las asignaciones que se establezcan en el Reglamento de la Convención. Dichas asignaciones serán administradas por un comité externo que determine el mismo Reglamento.

Artículo 135. Disposiciones especiales.- La Convención no podrá intervenir ni ejercer ninguna otra función o atribución de otros órganos o autoridades establecidas en esta Constitución o en las leyes.

Mientras no entre en vigencia la Nueva Constitución en la forma establecida en este epígrafe, esta Constitución seguirá plenamente vigente, sin que pueda la Convención negarle autoridad o modificarla.

En conformidad al artículo 5º, inciso primero, de la Constitución, mientras la Convención esté en funciones la soberanía reside esencialmente en la Nación y es ejercida por el pueblo a través de los plebiscitos y elecciones periódicas que la Constitución y las leyes determinan y, también, por las autoridades que esta Constitución establece. Le quedará prohibido a la Convención, a cualquiera de sus integrantes o a una fracción de ellos, atribuirse el ejercicio de la soberanía, asumiendo otras atribuciones que las que expresamente le reconoce esta Constitución.

El texto de Nueva Constitución que se someta a plebiscito deberá respetar el carácter de República del Estado de Chile, su régimen democrático, las sentencias judiciales firmes y ejecutoriadas y los tratados internacionales ratificados por Chile y que se encuentren vigentes.

Artículo 136. De la reclamación.- Se podrá reclamar de una infracción a las reglas de procedimiento aplicables a la Convención, contenidas en este epígrafe y de aquellas de procedimiento que emanen de los acuerdos de carácter general de la propia Convención. En ningún caso se podrá reclamar sobre el contenido de los textos en elaboración.

Conocerán de esta reclamación cinco ministros de la Corte Suprema, elegidos por sorteo por la misma Corte para cada cuestión planteada.

La reclamación deberá ser suscrita por al menos un cuarto de los miembros en ejercicio de la Convención y se interpondrá ante la Corte Suprema, dentro del plazo de cinco días desde que se tomó conocimiento del vicio alegado.

La reclamación deberá indicar el vicio que se reclama, el que deberá ser esencial, y el perjuicio que causa.

El procedimiento para el conocimiento y resolución de las reclamaciones será establecido en un Auto Acordado que adoptará la Corte Suprema, el que no podrá ser objeto del control establecido en artículo 93 número 2 de la Constitución.

La sentencia que acoja la reclamación solo podrá anular el acto. En todo caso, deberá resolverse dentro de los diez días siguientes desde que se entró al conocimiento del asunto. Contra las resoluciones de que trata este artículo no se admitirá acción ni recurso alguno.

Ninguna autoridad, ni tribunal, podrán conocer acciones, reclamos o recursos vinculados con las tareas que la Constitución le asigna a la Convención, fuera de lo establecido en este artículo.

No podrá interponerse la reclamación a la que se refiere este artículo respecto del inciso final del artículo 135 de la Constitución.

Artículo 137. Prórroga del plazo de funcionamiento de la Convención.- La Convención deberá redactar y aprobar una propuesta de texto de Nueva Constitución en el plazo máximo de nueve meses, contado desde su instalación, el que podrá prorrogarse, por una sola vez, por tres meses.

La mencionada prórroga podrá ser solicitada por quien ejerza la Presidencia de la Convención o por un tercio de sus miembros, con una anticipación no superior a quince días ni posterior a los cinco días previos al vencimiento del plazo de nueve meses. Presentada la solicitud, se citará inmediatamente a sesión especial, en la cual la Presidencia deberá dar cuenta pública de los avances en la elaboración de la propuesta de texto de Nueva Constitución, con lo cual se entenderá prorrogado el plazo sin más trámite. De todas estas circunstancias deberá quedar constancia en el acta respectiva. El plazo de prórroga comenzará a correr el día siguiente a aquel en que venza el plazo original.

Una vez redactada y aprobada la propuesta de texto de Nueva Constitución por la Convención, o vencido el plazo o su prórroga, la Convención se disolverá de pleno derecho.

Artículo 138. De las normas transitorias.- La Convención podrá establecer disposiciones especiales de entrada en vigencia de alguna de las normas o capítulos de la Nueva Constitución.

La Nueva Constitución no podrá poner término anticipado al período de las autoridades electas en votación popular, salvo que aquellas instituciones que integran sean suprimidas u objeto de una modificación sustancial.

La Nueva Constitución deberá establecer el modo en que las otras autoridades que esta Constitución establece cesarán o continuarán en sus funciones.

Artículo 139. De la integración de la Convención Mixta Constitucional.- La Convención Mixta Constitucional estará integrada por 172 miembros, de los cuales 86 corresponderán a ciudadanos electos especialmente para estos efectos y 86 parlamentarios que serán elegidos por el Congreso Pleno, conformado por todos los senadores y diputados en ejercicio, los que podrán presentar listas o pactos electorales, y se elegirán de acuerdo al sistema establecido en el artículo 121 del decreto con fuerza de ley Nº 2, del año 2017, del Ministerio Secretaría General de la Presidencia, que fija el texto refundido, coordinado y sistematizado de la ley Nº 18.700, orgánica constitucional sobre Votaciones Populares y Escrutinios, en lo que refiere a la elección de diputados.

Artículo 140. Del sistema electoral de la Convención Mixta Constitucional.- En el caso de los Convencionales Constituyentes no parlamentarios, estos serán elegidos de acuerdo a las reglas consagradas en el artículo 121 del decreto con fuerza de ley N° 2, del año 2017, del Ministerio Secretaría General de la Presidencia, que fija el texto refundido, coordinado y sistematizado de la ley N° 18.700, orgánica constitucional sobre Votaciones Populares y Escrutinios, en su texto vigente al 25 de junio del 2020 y serán aplicables los artículos 187 y 188 del mismo cuerpo legal, con las siguientes modificaciones:

Distrito 1° que elegirá 2 Convencionales Constituyentes;
Distrito 2° que elegirá 2 Convencionales Constituyentes;
Distrito 3° que elegirá 3 Convencionales Constituyentes;
Distrito 4° que elegirá 3 Convencionales Constituyentes;
Distrito 5° que elegirá 4 Convencionales Constituyentes;
Distrito 6° que elegirá 4 Convencionales Constituyentes;
Distrito 7° que elegirá 4 Convencionales Constituyentes;
Distrito 8° que elegirá 4 Convencionales Constituyentes;
Distrito 9° que elegirá 4 Convencionales Constituyentes;
Distrito 10° que elegirá 4 Convencionales Constituyentes;
Distrito 11° que elegirá 3 Convencionales Constituyentes;
Distrito 12° que elegirá 4 Convencionales Constituyentes;
Distrito 13° que elegirá 3 Convencionales Constituyentes;
Distrito 14° que elegirá 3 Convencionales Constituyentes;
Distrito 15° que elegirá 3 Convencionales Constituyentes;
Distrito 16° que elegirá 2 Convencionales Constituyentes;
Distrito 17° que elegirá 4 Convencionales Constituyentes;
Distrito 18° que elegirá 2 Convencionales Constituyentes;
Distrito 19° que elegirá 3 Convencionales Constituyentes;
Distrito 20° que elegirá 4 Convencionales Constituyentes;
Distrito 21° que elegirá 3 Convencionales Constituyentes;
Distrito 22° que elegirá 2 Convencionales Constituyentes;
Distrito 23° que elegirá 4 Convencionales Constituyentes;
Distrito 24° que elegirá 3 Convencionales Constituyentes;
Distrito 25° que elegirá 2 Convencionales Constituyentes;

Distrito 26° que elegirá 3 Convencionales Constituyentes;
Distrito 27° que elegirá 2 Convencionales Constituyentes; y
Distrito 28° que elegirá 2 Convencionales Constituyentes.

Artículo 141. De la integración de la Convención Constitucional.- La Convención Constitucional estará integrada por 155 ciudadanos electos especialmente para estos efectos. Para ello, se considerarán los distritos electorales establecidos en los artículos 187 y 188, y el sistema electoral descrito en el artículo 121, todos del decreto con fuerza de ley N° 2, del año 2017, del Ministerio Secretaría General de la Presidencia, que fija el texto refundido, coordinado y sistematizado de la ley N° 18.700, orgánica constitucional sobre Votaciones Populares y Escrutinios, en lo que se refiere a la elección de diputados, a su texto vigente al 25 de junio del 2020.

Los integrantes de la Convención Constitucional no podrán ser candidatos a cargos de elección popular mientras ejercen sus funciones y hasta un año después de que cesen en sus cargos en la Convención.

Artículo 142. Del Plebiscito Constitucional.- Comunicada al Presidente de la República la propuesta de texto constitucional aprobada por la Convención, éste deberá convocar dentro de los tres días siguientes a dicha comunicación, mediante decreto supremo exento, a un plebiscito nacional constitucional para que el electorado apruebe o rechace la propuesta.

El sufragio en este plebiscito será obligatorio para quienes tengan domicilio electoral en Chile.

El elector que no sufragare será penado con una multa a beneficio municipal de 0,5 a 3 unidades tributarias mensuales.

No incurrirá en esta sanción el elector que haya dejado de cumplir su obligación por enfermedad, ausencia del país, encontrarse el día del plebiscito en un lugar situado a más de doscientos kilómetros de aquél en que se encontrare registrado su domicilio electoral o por otro impedimento grave, debidamente comprobado ante el juez competente, quien apreciará la prueba de acuerdo a las reglas de la sana crítica.

Las personas que durante la realización del plebiscito nacional constitucional desempeñen funciones que encomienda el decreto con fuerza de ley Nº 2, del año 2017, del Ministerio Secretaría General de la Presidencia, que fija el texto refundido, coordinado y sistematizado de la ley Nº 18.700, orgánica constitucional sobre Votaciones Populares y Escrutinios, se eximirán de la sanción establecida en el presente artículo remitiendo al juez competente un certificado que acredite esta circunstancia.

El conocimiento de la infracción señalada corresponderá al juez de policía local de la comuna donde se cometieron tales infracciones, de acuerdo con el procedimiento establecido en la ley Nº 18.287. El director del Servicio Electoral deberá interponer las respectivas denuncias dentro del plazo de un año desde la celebración del plebiscito.

En el plebiscito señalado, el elector dispondrá de una cédula electoral que contendrá la siguiente pregunta, según corresponda a la Convención que haya propuesto el texto: «¿Aprueba usted el texto de Nueva Constitución propuesto por la Convención Mixta Constitucional?» o «¿Aprueba usted el texto de Nueva Constitución propuesto por la Convención Constitucional?». Bajo la cuestión planteada habrá dos rayas horizontales, una al lado de la otra. La primera de ellas, tendrá en su parte inferior la expresión «Apruebo» y la segunda, la palabra «Rechazo», a fin de que el elector pueda marcar su preferencia sobre una de las alternativas.

Este plebiscito deberá celebrarse sesenta días después de la publicación en el Diario Oficial del decreto supremo a que hace referencia el inciso primero, si ese día fuese domingo, o el domingo inmediatamente siguiente. Con todo, si en conformidad a las reglas anteriores la fecha del plebiscito se encuentra en el lapso entre sesenta días antes o después de una votación popular de aquellas a que hacen referencia los artículos 26, 47 y 49 de la Constitución, el día del plebiscito se retrasará hasta el domingo posterior inmediatamente siguiente. Si, como resultado de la aplicación de la regla precedente, el plebiscito cayere en el mes de enero o febrero, el plebiscito se celebrará el primer domingo del mes de marzo.

El proceso de calificación del plebiscito nacional deberá quedar concluido dentro de los treinta días siguientes a la fecha de éste. La sentencia de proclamación del plebiscito será comunicada dentro de los tres días siguientes de su dictación al Presidente de la República y al Congreso Nacional.

Si la cuestión planteada al electorado en el plebiscito nacional constitucional fuere aprobada, el Presidente de la República deberá, dentro de los cinco días siguientes a la comunicación de la sentencia referida en el inciso anterior, convocar al Congreso Pleno para que, en un acto público y solemne, se promulgue y se jure o prometa respetar y acatar la Nueva Constitución Política de la República. Dicho texto será publicado en el Diario Oficial dentro de los diez días siguientes a su promulgación y entrará en vigencia en dicha fecha. A partir de esta fecha, quedará derogada la presente Constitución Política de la República, cuyo texto refundido, coordinado y sistematizado se encuentra establecido en el decreto supremo N° 100, de 17 de septiembre de 2005.

La Constitución deberá imprimirse y repartirse gratuitamente a todos los establecimientos educacionales, públicos o privados; bibliotecas municipales, universidades y órganos del Estado. Los jueces y magistrados de los tribunales superiores de justicia deberán recibir un ejemplar de la Constitución.

Si la cuestión planteada al electorado en el plebiscito ratificatorio fuere rechazada, continuará vigente la presente Constitución.

Artículo 143. Remisión.- Al plebiscito constitucional le será aplicable lo dispuesto en los incisos cuarto a sexto del artículo 130.

Sólo para efecto de ejecutar las acciones en materia de padrones y propaganda electoral establecidas en las leyes que el inciso anterior hace aplicables al plebiscito constitucional, el Servicio Electoral deberá considerar como fecha de celebración del plebiscito el día 4 de septiembre de 2022. Sólo para efectos de lo dispuesto en este inciso, el plazo de ciento cuarenta días establecido en los artículos 29, 31 bis y 32 de la ley N° 18.556, orgánica constitucional sobre Sistema de Inscripciones Electorales y Servicio Electoral, cuyo texto refundido, coordinado y sistematizado fue fijado por el decreto con fuerza de ley N° 5, del año 2017, del Ministerio Secretaría General de la Presidencia, será de ciento veinticinco días.

DEL NUEVO PROCEDIMIENTO PARA ELABORAR UNA CONSTITUCIÓN POLÍTICA DE LA REPÚBLICA

Del Consejo Constitucional

Artículo 144.- Convócase a elección de miembros del Consejo Constitucional, la que se realizará el 7 de mayo de 2023. El nuevo procedimiento para elaborar una Constitución Política de la República, contenido en este epígrafe, se regirá únicamente por lo dispuesto en este artículo y por lo prescrito en los artículos 145 a 161 y en la disposición quincuagésima segunda transitoria, debiendo ceñirse estrictamente al principio de eficiencia en el gasto público.

El Consejo Constitucional es un órgano que tiene por único objeto discutir y aprobar una propuesta de texto de nueva Constitución, de acuerdo al procedimiento fijado en el presente epígrafe. Sus integrantes serán electos en votación popular y su conformación será paritaria.

Para ser electo miembro del Consejo Constitucional, se requiere ser ciudadano con derecho a sufragio.

Los ministros de Estado, diputados, senadores, delegados presidenciales regionales, delegados presidenciales provinciales, los gobernadores regionales, los alcaldes, los consejeros regionales, los concejales, los subsecretarios, los secretarios regionales ministeriales, los jefes de servicio, los miembros del Consejo del Banco Central, los miembros del Consejo del Servicio Electoral, los miembros y funcionarios de los diferentes escalafones del Poder Judicial, del Ministerio Público, de la Contraloría General de la República, así como los del Tribunal Constitucional, del Tribunal de Defensa de la Libre Competencia, del Tribunal de Contratación Pública, del Tribunal Calificador de Elecciones y de los tribunales electorales regionales; los consejeros del Consejo para la Transparencia, los consejeros del Consejo Nacional de Televisión, y los miembros activos de las Fuerzas Armadas y de Orden y Seguridad Pública, que declaren sus candidaturas a miembros del Consejo Constitucional, cesarán en sus cargos por el sólo ministerio de la Constitución, desde el momento en que sus candidaturas sean inscritas en el Registro Especial a que hace referencia el inciso primero del artículo 21 del decreto con fuerza de ley Nº 2, del año 2017, del Ministerio Secretaría General de la Presidencia, que fija el texto refundido, coordinado y sistematizado de la ley Nº 18.700, orgánica constitucional sobre Votaciones Populares y Escrutinios.

El Consejo Constitucional estará compuesto por 50 personas elegidas en votación popular, sin perjuicio de lo dispuesto en el inciso séptimo de este artículo, aplicándose las reglas siguientes:

1. A la elección de los integrantes del Consejo Constitucional les serán aplicables las disposiciones pertinentes a la elección de senadores, contenidas en los siguientes cuerpos legales, vigentes al 1 de enero de 2023, sin perjuicio de las reglas especiales fijadas en los números que siguen:

a) Decreto con fuerza de ley Nº 2, del año 2017, del Ministerio Secretaría General de la Presidencia, que fija el texto refundido, coordinado y sistematizado de la ley Nº 18.700, orgánica constitucional sobre Votaciones Populares y Escrutinios;

b) Decreto con fuerza de ley Nº 5, del año 2017, del Ministerio Secretaría General de la Presidencia, que fija el texto refundido, coordinado y sistematizado de la ley Nº 18.556, orgánica constitucional sobre Sistema de Inscripciones Electorales y Servicio Electoral;

c) Decreto con fuerza de ley Nº 4, del año 2017, del Ministerio Secretaría General de la Presidencia, que fija el texto refundido, coordinado y sistematizado de la ley Nº 18.603, orgánica constitucional de los Partidos Políticos, y

d) Decreto con fuerza de ley Nº 3, del año 2017, del Ministerio Secretaría General de la Presidencia, que fija el texto refundido, coordinado y sistematizado de la ley Nº 19.884, orgánica constitucional sobre Transparencia, Límite y Control del Gasto Electoral.

2. En el caso de las declaraciones de candidaturas para la elección de integrantes del Consejo Constitucional, los partidos políticos o pactos electorales podrán declarar, en las circunscripciones senatoriales que eligen dos escaños, un máximo de candidatos equivalente al doble del número de consejeros constitucionales que corresponda elegir en la circunscripción de que se trate. En las circunscripciones senatoriales que elijan

3 o 5 escaños, se estará a lo dispuesto en el inciso primero del artículo 5 de la ley N° 18.700.

La lista de un partido político o pactos electorales deberán señalar el orden de precedencia que tendrán los candidatos en la cédula para cada circunscripción senatorial, comenzando por una mujer y alternándose, sucesivamente, éstas con hombres.

En cada circunscripción senatorial, las listas o pactos electorales deberán declarar siempre un número par de candidatos, integrados por el mismo número de mujeres y hombres.

No será aplicable lo dispuesto en el inciso quinto del artículo 4 de la ley Nº 18.700.

La infracción de cualquiera de los requisitos establecidos en los incisos anteriores producirá el rechazo de todas las candidaturas declaradas en la circunscripción senatorial por el respectivo partido político o pacto electoral, sin perjuicio del procedimiento de corrección establecido en los incisos segundo y tercero del artículo 19 de la ley Nº 18.700, debiendo justificarse por el partido o pacto la inobservancia ante el Servicio Electoral.

3. Para la distribución y asignación de escaños del Consejo Constitucional se seguirán las siguientes reglas:

a) El sistema electoral para el Consejo Constitucional se orientará a conseguir una representación equitativa de mujeres y hombres, entendiéndose esto como 25 mujeres y 25 hombres.

b) Se asignarán los escaños que correspondan preliminarmente, aplicando el artículo 121 de la ley Nº 18.700, orgánica constitucional sobre Votaciones Populares y Escrutinios, cuyo texto refundido, coordinado y sistematizado fue fijado por el decreto con fuerza de ley Nº 2, de 2017, del Ministerio Secretaría General de la Presidencia.

c) En caso de que la asignación preliminar se ajuste a lo señalado en la letra a), se proclamará consejeros constitucionales electos a dichas candidatas y candidatos.

d) Si en la asignación preliminar de consejeros constitucionales electos, resulta una proporción, entre los distintos sexos, diferente de la señalada en la letra a), se aplicarán las siguientes reglas especiales:

i. Se determinará la cantidad de hombres y mujeres que deban aumentar o disminuir, respectivamente, para obtener la distribución indicada en la letra a).

ii. Se ordenarán las listas o pactos que hayan obtenido escaños según lo establecido en la letra b) de acuerdo al total de votos que cada una haya obtenido a nivel nacional, de menor a mayor.

iii. A continuación, se ordenarán las circunscripciones senatoriales en cada lista o pacto que tenga electos del sexo sobrerrepresentado de acuerdo al total de votos en favor de las respectivas listas o pactos electorales, de menor a mayor.

iv. El candidato más votado del sexo subrepresentado de la lista o pacto electoral menos votada a nivel nacional en la circunscripción senatorial en que dicha lista o pacto electoral haya obtenido la menor votación, reemplazará al candidato menos votado del sexo sobrerrepresentado que había resultado electo en la asignación preliminar señalada en la letra b), en dicha circunscripción, correspondiente al mismo partido político o candidatura independiente asociada a un partido político. Si no pudiese realizar el reemplazo un candidato del mismo partido, se reemplazará con el candidato más votado del sexo subrepresentado del mismo pacto electoral en la misma circunscripción senatorial. Si no se pudiera realizar el reemplazo en la circunscripción senatorial menos votada de la lista se continuará en las siguientes circunscripciones senatoriales menos votadas, hasta realizar un reemplazo en la lista o hasta que no queden circunscripciones por revisar.

v. No se aplicará la regla del ordinal iv anterior en aquellas circunscripciones senatoriales en que el principio señalado en la letra a) se hubiese cumplido. Se entenderá cumplido cuando las circunscripciones elijan la misma cantidad de hombres y mujeres o cuando el sexo sobrerrepresentado no supere al subrepresentado en más de uno.

e) Si de la aplicación de la regla señalada en la letra d) no se lograre la representación equitativa, se realizará el mismo procedimiento del ordinal iv de dicha letra en la siguiente lista o pacto electoral menos votado a nivel nacional, y así sucesivamente, repitiendo el procedimiento en las listas tantas veces como sea necesario hasta lograr la representación señalada en la letra a), o hasta que en todas las circunscripciones senatoriales el sexo sobrerrepresentado no supere al subrepresentado en más de uno, en cuyo caso se aplicará la letra f).

f) Con todo, si de la aplicación de las normas anteriores no se alcanzare el principio señalado en la letra a), deberá aplicarse el mismo procedimiento del ordinal iv de la letra d) en las circunscripciones senatoriales en que el sexo sobrerrepresentado supere al sexo subrepresentado en un escaño hasta alcanzar la representación equitativa de hombres y mujeres.

g) Una vez cumplido lo dispuesto en la letra a), se proclamarán electos a los candidatos a quienes se les haya asignado un escaño en conformidad a las reglas anteriores.

El lápiz grafito color negro señalado en el inciso primero del artículo 70 de la ley Nº 18.700, deberá ser de pasta azul, y los poderes de apoderados ante notario indicados en el inciso tercero del artículo 169 de dicho cuerpo legal, podrán ser poderes simples.

4. Todas las candidaturas declaradas por los partidos políticos o pactos electorales deberán cumplir con el requisito sobre afiliación e independencia de las candidaturas establecidas en el artículo 5, incisos cuarto y sexto, de la ley N° 18.700.

5. Las personas comparecientes en la escritura pública de constitución de un partido político en formación, según se señala en la letra a) del inciso primero del artículo 5 de la ley N° 18.603, podrán ser declaradas como candidatos independientes asociados a un partido político que haya celebrado un pacto electoral, salvo que no cumplan con el requisito señalado en el número anterior.

6. El límite de gasto para las candidaturas a integrante del Consejo Constitucional, incluidos los candidatos de pueblos indígenas, será un tercio del total del límite del gasto electoral, que el inciso segundo del artículo 4 de la ley N° 19.884 establece para las candidaturas a senador. En el caso de la circunscripción nacional de pueblos indígenas, se considerará para el cálculo del límite la totalidad de los electores con dicha condición.

El financiamiento al inicio de la campaña al que hace referencia el artículo 15 de la ley Nº 19.884, en el caso de las candidaturas correspondientes a pueblos indígenas, se calculará prorrateando entre todos ellos la suma para cada región de los montos correspondientes al partido que haya obtenido el menor número de sufragios en cada territorio en la última elección de senadores.

Para la elección del Consejo Constitucional se considerarán:

a) Los siguientes nuevos plazos respecto de los señalados en la ley N° 18.556: el plazo de ciento cuarenta días de los artículos 29 y 31 bis será de cien días; el plazo de ciento veinte días del artículo 32 será de cien días; el plazo de noventa días del artículo 33 será de setenta días; el plazo de sesenta días del artículo 34 será de cuarenta y cinco días; el plazo de cien días del artículo 43 será de ochenta días; el plazo de diez días del inciso primero del artículo 48 será de cinco días, y el plazo de diez días del inciso primero del artículo 49 será de cinco días.

b) Los demás plazos señalados en las leyes indicadas en el número 1 del inciso quinto del artículo 144 que recaigan en fechas anteriores a la publicación de esta reforma constitucional, se entenderán referidos al tercer día siguiente de su publicación.

Sin perjuicio de las normas precedentes, el Consejo Constitucional podrá estar integrado, además, por uno o más miembros de los pueblos originarios reconocidos en la ley N° 19.253, que establece normas sobre protección, fomento y desarrollo de los indígenas, y crea la Corporación Nacional de Desarrollo Indígena, vigente a la fecha de publicación de la presente reforma. Para estos efectos se aplicarán las siguientes reglas especiales:

1. Podrán declarar candidaturas las personas indígenas que sean ciudadanos con derecho a sufragio, siéndoles además aplicables las inhabilidades, incompatibilidades y prohibiciones generales para ser miembro del Consejo Constitucional. Las candidaturas deberán acreditar su condición de pertenecientes a algún pueblo, mediante el correspondiente certificado de calidad de indígena emitido por la Corporación Nacional de Desarrollo Indígena.

2. Las declaraciones de candidaturas a pueblos indígenas serán individuales, y en el caso de los pueblos Mapuche, Aimara y Diaguita, deberán contar con el patrocinio de a lo menos tres comunidades o cinco asociaciones indígenas registradas ante la Corporación Nacional de Desarrollo

Indígena o un cacicazgo tradicional reconocido en la ley N° 19.253, correspondientes al mismo pueblo del candidato o candidata. También podrán patrocinar candidaturas las organizaciones representativas de los pueblos indígenas que no estén inscritas, requiriéndose tres de ellas. Dichas candidaturas también podrán ser patrocinadas por a lo menos ciento veinte firmas de personas que tengan acreditada la calidad indígena del mismo pueblo del patrocinado. En los demás pueblos bastará el patrocinio de una sola comunidad, asociación registrada u organización indígena no registrada; o bien, de a lo menos sesenta firmas de personas que tengan acreditada la calidad indígena del mismo pueblo del patrocinado. Sin perjuicio de las reglas generales de patrocinio de candidaturas establecidas en la ley, el patrocinio de candidaturas mediante firmas a que alude esta disposición podrá realizarse a través de una plataforma electrónica dispuesta por el Servicio Electoral, a la que se accederá previa autentificación de identidad. En este caso, se entenderá suscrito el patrocinio de la respectiva candidatura a través de medios electrónicos. Por medio de esta plataforma, el Servicio Electoral generará la nómina de patrocinantes, en tiempo y forma, para efectos de la declaración de la respectiva candidatura. Esta plataforma deberá cumplir con los estándares de seguridad necesarios para asegurar su adecuado funcionamiento.

3. Las declaraciones de candidaturas correspondientes a pueblos indígenas serán uninominales y formarán una única circunscripción nacional de pueblos indígenas con una cédula electoral única nacional y diferente a la de los consejeros constitucionales generales. El Servicio Electoral identificará a los electores indígenas en los padrones electorales a que se refieren los artículos 32, 33, 34 y 37 bis de la ley N° 18.556. En la publicación de dichos padrones, cuando corresponda, se deberá indicar la condición indígena de un elector. La condición indígena será una causal reclamable ante los Tribunales Electorales Regionales bajo el procedimiento de los artículos 48 y 49 de la ley N° 18.556. Los electores identificados bajo la condición indígena podrán optar por sufragar por las candidaturas de la circunscripción nacional de pueblos indígenas o por los candidatos generales de su respectiva circunscripción senatorial, solicitando una u otra cédula de votación en la mesa receptora de sufragios. En ningún caso po-

drán sufragar en ambas. La cédula electoral de las candidaturas de pueblos indígenas contendrá las candidaturas ordenadas alfabéticamente, señalando al lado del nombre del candidato el pueblo originario correspondiente.

4. Para los efectos del numeral anterior, se considerará con condición indígena a todos los electores con derecho a sufragio, que tuvieron tal condición en el padrón electoral utilizado para la elección de Convencionales Constituyentes en mayo de 2021. Adicionalmente, se actualizará dicha condición respecto de otros electores según se informe por los organismos respectivos al Servicio Electoral, en conformidad al procedimiento establecido en el inciso décimo de la disposición cuadragésimo tercera transitoria de esta Constitución.

5. El número de escaños a elegir se obtendrá de la aplicación de la siguiente regla:

i. Se sumará el total de votos válidamente emitidos por las candidaturas de la circunscripción nacional indígena.

ii. Si dicha suma representare un porcentaje igual o superior al 1,5% respecto de la suma total de votos válidamente emitidos en la totalidad de las 16 circunscripciones no indígenas del país al Consejo Constitucional, la circunscripción nacional indígena elegirá un escaño, el que se asignará a la candidatura más votada.

iii. Si dicha suma representare un porcentaje igual o superior al 3,5% de los votos válidamente emitidos en la totalidad de las 16 circunscripciones no indígenas del país al Consejo Constitucional, la circunscripción nacional indígena elegirá dos escaños en total. El segundo escaño se asignará a la candidatura más votada del sexo distinto al asignado en la regla anterior.

iv. Por cada vez que el porcentaje de 3,5% señalado precedentemente aumente en 2 puntos porcentuales, se elegirá y asignará un escaño adicional a la circunscripción nacional indígena, alternando respectivamente el sexo de la siguiente candidatura electa más votada.

El proceso de calificación de la elección de integrantes del Consejo Constitucional será realizado por el Tribunal Calificador de Elecciones. La calificación deberá quedar concluida dentro de los treinta días siguientes a la fecha de ésta. La sentencia de proclamación será comunicada dentro de los tres días siguientes de su dictación al Presidente de la República y al Congreso Nacional.

Dentro de los tres días siguientes a la recepción de la comunicación a que hace referencia el inciso anterior, el Presidente de la República convocará, mediante decreto supremo exento, a la primera sesión de instalación del Consejo Constitucional, la que se desarrollará en la sede del Congreso Nacional en la ciudad de Santiago, el 7 de junio de 2023.

De la Comisión Experta

Artículo 145.- La Cámara de Diputados y el Senado convocarán, respectivamente, a sesión especial con el objeto de elegir a los miembros de la Comisión Experta. Dicha Comisión estará compuesta por 24 personas. Esta Comisión deberá proponer al Consejo Constitucional un anteproyecto de propuesta de nueva Constitución, y realizar las demás funciones que esta Constitución le fije. Su integración será paritaria.

La sesión especial a la que se refiere el inciso anterior deberá efectuarse dentro de los 10 días siguientes a la convocatoria.

La elección de los miembros de esta Comisión se realizará en la siguiente forma:

a) 12 comisionados serán elegidos con el acuerdo del Senado, en proporción a las actuales fuerzas políticas y partidos ahí representados, adoptado por los cuatro séptimos de sus miembros en ejercicio, en una sola votación.

b) 12 comisionados serán elegidos con el acuerdo de la Cámara de Diputados, en proporción a las actuales fuerzas políticas y partidos ahí representados, adoptado por los cuatro séptimos de sus miembros en ejercicio, en una sola votación.

El Senado y la Cámara de Diputados deberán elegir el mismo número de hombres y mujeres, respectivamente.

Para ser electo integrante de la Comisión Experta, se requiere ser ciudadano con derecho a sufragio. Además, los candidatos y candidatas deberán contar con un título universitario o grado académico de, a lo menos, ocho semestres de duración y deberán acreditar una experiencia profesional, técnica y/o académica no inferior a diez años, sea en el sector público o privado; circunstancias que serán calificadas por la Cámara de Diputados y el Senado, en su caso.

Del Comité Técnico de Admisibilidad

Artículo 146.- Existirá un Comité Técnico de Admisibilidad, órgano compuesto por 14 personas, que será encargado de resolver los requerimientos que se interpongan contra aquellas propuestas de normas aprobadas por la Comisión o por el plenario del Consejo Constitucional, o por la Comisión Experta, que contravengan lo dispuesto en el artículo 154. Su integración será paritaria.

Para ser miembro del Comité Técnico de Admisibilidad se requerirá ser ciudadano con derecho a sufragio, tener el título de abogado, con al menos 12 años de experiencia en el sector público o privado y acreditar una destacada trayectoria judicial, profesional y/o académica. Los integrantes de este Comité Técnico serán propuestos, en una sola nómina, por la Cámara de Diputados, la que deberá ser aprobada por los cuatro séptimos de sus miembros en ejercicio. Dicha nómina, posteriormente, deberá ser ratificada por el Senado, por el mismo quórum.

Reglas aplicables a los integrantes del Consejo Constitucional, Comisión Experta y Comité Técnico de Admisibilidad

Artículo 147.- Las personas que al tiempo de ser electas como integrantes del Consejo Constitucional sean funcionarios públicos, con excepción de aquellos mencionados en el inciso cuarto del artículo 144, y los trabajadores de empresas del Estado, deberán hacer uso de un permiso sin goce de remuneraciones mientras sirvan en dicho órgano.

Los trabajadores contratados bajo las normas del Código del Trabajo, sea que trabajen en el sector público o privado, conservarán su empleo desde la declaración de su candidatura como consejero o consejera hasta el término de su mandato, en caso de resultar electos. Además, gozarán de fuero laboral durante el mismo período.

Los miembros del Consejo Constitucional, de la Comisión Experta y del Comité Técnico de Admisibilidad estarán afectos a las normas de la ley N° 20.880, sobre probidad en la función pública y prevención de los conflictos de intereses, aplicables a los diputados, y a la ley N° 20.730, que regula el lobby y las gestiones que representen intereses particulares ante las autoridades y funcionarios.

Artículo 148.- A los integrantes de la Comisión Experta y del Comité Técnico de Admisibilidad se les aplicarán las causales de cesación del cargo contenidas en los incisos primero, quinto y octavo del artículo 60. La causal de cesación será calificada por el Tribunal Calificador de Elecciones.

Éstos podrán renunciar a su cargo cuando hechos graves afecten severamente su desempeño o pongan en riesgo el funcionamiento de la Comisión o del Comité. La renuncia, en el caso de los miembros de la Comisión, será calificada por la Cámara de Diputados o el Senado, según cuál haya sido la Corporación que lo haya elegido. En el caso de los miembros del Comité, la renuncia será calificada por el Senado.

El integrante de la Comisión Experta que haya cesado o renunciado no será reemplazado.

Artículo 149.- A los integrantes del Consejo Constitucional les será aplicable lo establecido en los artículos 51, con excepción de los incisos primero a tercero, 58, 59, 60 y 61.

Sin perjuicio de lo dispuesto en el artículo 60, un consejero o consejera podrá renunciar a su cargo cuando hechos graves afecten severamente su desempeño o pongan en riesgo el funcionamiento del Consejo.

Tanto las causales de cesación como la renuncia del cargo de consejero constitucional, serán conocidas y calificadas por el Tribunal Calificador de Elecciones.

El integrante del Consejo Constitucional que haya cesado o renunciado no será reemplazado.

Artículo 150.- Los integrantes del Consejo Constitucional recibirán una dieta mensual de 60 unidades tributarias mensuales, además de las asignaciones que se establezcan exclusivamente para ser destinadas a la asesoría legislativa. Dichas asignaciones serán administradas por un comité externo que determine el reglamento a que hace referencia el artículo 153.

Los integrantes de la Comisión Experta recibirán una dieta mensual de 30 unidades tributarias mensuales.

Los integrantes del Comité Técnico de Admisibilidad percibirán una retribución equivalente a 10 unidades tributarias mensuales por sesión celebrada, con un tope de 30 unidades tributarias mensuales durante el mes.

Las personas que hayan integrado la Convención Constitucional no podrán ser candidatos al Consejo Constitucional, ni tampoco integrar la Comisión Experta ni el Comité Técnico de Admisibilidad.

Artículo 151.- El día de la instalación del Consejo Constitucional, éste deberá elegir la mesa directiva, compuesta por un presidente y un vicepresidente, la que será elegida en una sola votación. Será electo como presidente quien obtenga la primera mayoría. La segunda mayoría será electa como vicepresidente.

Del procedimiento

Artículo 152.- La Comisión Experta se deberá instalar, en dependencias del Congreso Nacional en la ciudad de Santiago, con fecha 6 de marzo de 2023, e iniciará la redacción de un anteproyecto de nueva Constitución. En la misma fecha, entrará en funciones el Comité Técnico de Admisibilidad.

La Comisión Experta deberá aprobar cada norma que formará parte del anteproyecto de propuesta de nueva Constitución por un quórum de los tres quintos de sus miembros en ejercicio.

El anteproyecto de nueva Constitución deberá ser despachado por la Comisión Experta dentro de los tres meses siguientes a su instalación.

Los integrantes de la Comisión Experta se incorporarán al Consejo Constitucional una vez que éste se instale, y tendrán derecho a voz en todas las instancias de discusión. El Consejo Constitucional podrá aprobar,

aprobar con modificaciones o incorporar nuevas normas al anteproyecto de nueva Constitución por el quórum de los tres quintos de sus miembros en ejercicio.

Después de evacuada la propuesta de texto de nueva Constitución por parte del Consejo Constitucional, que deberá producirse dentro de los cuatro meses siguientes a su instalación, la Comisión Experta hará entrega de un informe en el que podrá formular observaciones que mejoren el texto. Las propuestas deberán ser conocidas por el Consejo Constitucional y serán votadas según las reglas siguientes:

a) Se entenderá aprobada cada propuesta contenida en el informe por un quórum de tres quintos de los miembros en ejercicio del Consejo Constitucional.

b) Se entenderá rechazada cada propuesta contenida en el informe por un quórum de dos tercios de los miembros en ejercicio del Consejo Constitucional.

Las propuestas contenidas en el informe que no sean aprobadas o rechazadas en los términos señalados, serán analizadas por una comisión mixta, conformada por seis miembros del Consejo Constitucional y seis miembros de la Comisión Experta, la que podrá proponer soluciones con el voto de los tres quintos de sus miembros en ejercicio. Dicho acuerdo deberá ser aprobado por el Consejo Constitucional, con el quórum señalado en el inciso cuarto.

Si la comisión mixta no alcanzare acuerdo en un plazo de cinco días, la Comisión Experta, dentro de un plazo de tres días, y por las tres quintas partes de sus miembros en ejercicio, deberá presentar una nueva propuesta al Consejo Constitucional, para que se pronuncie de conformidad con lo dispuesto en el inciso cuarto.

Una vez terminada la votación de cada norma que formará parte de la propuesta de nueva Constitución, se deberá aprobar la totalidad del texto por los tres quintos de los miembros en ejercicio del Consejo.

Los miembros del Consejo Constitucional y de la Comisión Experta no podrán promover ni votar ningún asunto que interese directa o personalmente a ellos o a sus cónyuges, ascendientes, descendientes o colaterales hasta el cuarto grado de consanguinidad y el tercero de afinidad, inclusive.

Con todo, podrán participar en el debate advirtiendo previamente el interés que ellas, o las personas mencionadas, tengan en el asunto. No regirá este impedimento en asuntos de índole general que interesen al gremio, profesión, industria o comercio a que pertenezcan.

Artículo 153.- El trabajo del Consejo Constitucional y de los órganos establecidos en el presente párrafo se regulará, además, por un reglamento que elaborarán, conjuntamente, las secretarías del Senado y de la Cámara de Diputados, y será sometido a la discusión y aprobación de una comisión bicameral compuesta por nueve diputados y nueve senadores. Dicha comisión deberá evacuar su propuesta en el término de cinco días, la que será sometida a la ratificación de ambas cámaras del Congreso Nacional por los cuatro séptimos de sus miembros en ejercicio.

Los representantes del Senado y de la Cámara de Diputados serán electos por la respectiva Corporación a propuesta de los comités parlamentarios. La propuesta será aprobada por los tres quintos de los parlamentarios en ejercicio.

Si la comisión bicameral no evacuare su propuesta en los términos señalados en el inciso primero, regirá la proposición elaborada en conjunto por las secretarías del Senado y de la Cámara de Diputados.

El reglamento contemplará mecanismos de participación ciudadana, la que tendrá lugar una vez instalado el Consejo Constitucional y será coordinada por la Universidad de Chile y la Pontificia Universidad Católica de Chile, a través de fórmulas que permitan la participación de todas las universidades acreditadas. Dichos mecanismos contemplarán la iniciativa popular de norma.

En lo no dispuesto por el reglamento, y en cuanto fueren compatibles, regirán las normas del reglamento del Senado.

Artículo 154.- La propuesta de nueva Constitución que se someta a plebiscito deberá contener, al menos, las siguientes bases institucionales y fundamentales:

1. Chile es una República democrática, cuya soberanía reside en el pueblo.

2. El Estado de Chile es unitario y descentralizado.

3. La soberanía tiene como límite la dignidad de la persona humana y los derechos humanos reconocidos en los tratados internacionales ratificados por el Estado de Chile y que se encuentren vigentes. La Constitución consagrará que el terrorismo, en cualquiera de sus formas, es por esencia contrario a los derechos humanos.

4. La Constitución reconoce a los pueblos indígenas como parte de la nación chilena, que es una e indivisible. El Estado respetará y promoverá sus derechos y culturas.

5. Chile es un Estado social y democrático de derecho, cuya finalidad es promover el bien común; que reconoce derechos y libertades fundamentales, y que promueve el desarrollo progresivo de los derechos sociales, con sujeción al principio de responsabilidad fiscal y a través de instituciones estatales y privadas.

6. Los emblemas nacionales de Chile son la bandera, el escudo y el himno nacional.

7. Chile tiene tres poderes separados e independientes entre sí:

a) Poder Ejecutivo, con un jefe de Gobierno con iniciativa exclusiva en la presentación de proyectos de ley que incidan directamente en el gasto público.

b) Poder Judicial, con unidad jurisdiccional y con pleno respeto de las sentencias judiciales firmes y ejecutoriadas.

c) Poder Legislativo bicameral, compuesto por un Senado y una Cámara de Diputados y Diputadas, sin perjuicio de sus atribuciones y competencias en particular.

8. Chile consagra constitucionalmente, entre otros, los siguientes órganos autónomos: Banco Central, Justicia Electoral, Ministerio Público y Contraloría General de la República.

9. Chile protege y garantiza derechos y libertades fundamentales como el derecho a la vida, la igualdad ante la ley, el derecho de propiedad en sus diversas manifestaciones, la libertad de conciencia y de culto, el interés superior de los niños, niñas y adolescentes, la libertad de enseñanza y el derecho-deber preferente de las familias de escoger la educación de sus hijos, entre otros.

10. Chile consagra constitucionalmente con subordinación al poder civil la existencia de las Fuerzas Armadas y las Fuerzas de Orden y Seguridad, con mención expresa de Carabineros de Chile y de la Policía de Investigaciones de Chile.

11. La Constitución consagra, a lo menos, cuatro estados de excepción constitucional: de asamblea, de sitio, de catástrofe y de emergencia.

12. Chile se compromete constitucionalmente al cuidado y la conservación de la naturaleza y su biodiversidad.

Del mismo modo, las inhabilidades a que se refiere el artículo 158 deberán formar parte de la propuesta de nueva Constitución.

Ninguna autoridad, ni tribunal, podrán conocer acciones, reclamos o recursos vinculados con la función que esta Constitución asigna al Consejo Constitucional, la Comisión Experta y el Comité Técnico de Admisibilidad, sin perjuicio de lo dispuesto en los artículos 155 y 156.

Del requerimiento ante el Comité Técnico de Admisibilidad

Artículo 155.- Podrá interponerse, ante el Comité Técnico de Admisibilidad, requerimiento contra las propuestas de normas aprobadas por una comisión o por el plenario del Consejo Constitucional o de la Comisión Experta, que contravengan lo dispuesto en el artículo 154. El requerimiento deberá ser fundado y suscrito por al menos un quinto de los miembros en ejercicio del Consejo Constitucional, o dos quintos de los miembros de la Comisión Experta, y se interpondrá dentro del plazo de cinco días contado desde la aprobación, en comisión o en el pleno, de la norma que se estima contravenir las bases institucionales.

Este Comité tendrá tres días para pronunciarse respecto a los requerimientos sometidos a su consideración, y cinco días adicionales para hacer públicos los fundamentos del mismo. El procedimiento para el conocimiento y resolución de las reclamaciones será establecido en un auto acordado, el que será dictado por el Comité, dentro de los diez días siguientes a su instalación.

El Comité Técnico de Admisibilidad deberá fundar sus decisiones conforme a derecho, y deberá aplicar única y directamente lo establecido en el artículo anterior. Sus resoluciones deberán ser adoptadas por la mayoría absoluta de sus integrantes y no serán recurribles ante tribunal alguno. Al resolver, el Comité Técnico de Admisibilidad sólo podrá declarar la correspondencia o contradicción de la norma objetada con las referidas bases institucionales. En este último caso, se entenderá como no presentada la norma objetada. Si el requerimiento se basa en la omisión de lo dispuesto en el artículo anterior, instruirá a la Comisión Experta a redactar una propuesta, la que será deliberada por el Consejo Constitucional conforme a las reglas generales.

Artículo 156.- Se podrá reclamar de una infracción a las reglas de procedimiento aplicables al Consejo Constitucional y a la Comisión Experta, establecidas en la Constitución y en los reglamentos y los acuerdos de carácter general de dichos órganos.

Conocerán de esta reclamación cinco ministros de la Corte Suprema, elegidos por sorteo por la misma Corte para cada cuestión planteada.

La reclamación deberá ser suscrita por al menos un quinto de los miembros en ejercicio del Consejo Constitucional o dos quintos de los miembros de la Comisión Experta, y se interpondrá ante la Corte Suprema, dentro del plazo de cinco días desde que se tomó conocimiento del vicio alegado.

La reclamación deberá indicar el vicio que se reclama, el que deberá ser esencial, y el perjuicio que causa.

El procedimiento para el conocimiento y resolución de las reclamaciones será establecido en un auto acordado que adoptará la Corte Suprema, el que no podrá ser objeto del control establecido en artículo 93, número 2, de la Constitución.

La sentencia que acoja la reclamación sólo podrá anular el acto. Dicha sentencia deberá dictarse dentro de los diez días siguientes a la presentación del reclamo. Contra las resoluciones de que trata este artículo no se admitirá acción ni recurso alguno.

Del funcionamiento y disolución del Consejo Constitucional, la Comisión Experta y el Comité Técnico de Admisibilidad

Artículo 157.- Corresponderá al Presidente de la República, o al órgano que éste determine, prestar el apoyo financiero que sea necesario para la instalación y funcionamiento de los órganos señalados en los artículos 144, 145 y 146. Corresponderá a ambas cámaras del Congreso Nacional y a la Biblioteca del Congreso Nacional, prestar el apoyo técnico y administrativo que sea necesario para la instalación y funcionamiento de estos órganos.

El Consejo Constitucional, la Comisión Experta o el Comité Técnico de Admisibilidad no podrán intervenir ni ejercer ninguna otra función o atribución de otros órganos o autoridades establecidas en esta Constitución o en las leyes.

Mientras no entre en vigencia la nueva Constitución en la forma establecida en este epígrafe, esta Constitución seguirá plenamente vigente, sin que puedan los órganos antes señalados negarle autoridad o modificarla.

En conformidad al artículo 5°, inciso primero, de la Constitución, mientras el Consejo Constitucional esté en funciones la soberanía reside esencialmente en la Nación y es ejercida por el pueblo a través de los plebiscitos y elecciones periódicas que la Constitución y las leyes determinan y, también, por las autoridades que esta Constitución establece. Quedará prohibido al Consejo Constitucional, a la Comisión Experta o al Comité Técnico de Admisibilidad, así como a cualquiera de sus integrantes o a una fracción de ellos, atribuirse el ejercicio de la soberanía, asumiendo otras atribuciones que las que expresamente le reconoce esta Constitución.

El Consejo Constitucional podrá establecer disposiciones transitorias referidas a la entrada en vigencia de alguna de las normas o capítulos de la nueva Constitución.

La nueva Constitución no podrá poner término anticipado al período de las autoridades electas en votación popular o designadas de conformidad a las normas que esta Constitución y las leyes determinan en las instituciones a que hacen referencia las bases establecidas en el artículo 154.

Artículo 158.- El Consejo Constitucional deberá aprobar la propuesta de texto de nueva Constitución en el plazo de cinco meses, contado desde su instalación. La propuesta de texto aprobado deberá ser comunicada al Presidente de la República para los efectos establecidos en el artículo siguiente.

El Consejo Constitucional, la Comisión Experta y el Comité Técnico de Admisibilidad se disolverán, de pleno derecho, una vez aprobada la propuesta de nueva Constitución, según lo dispuesto en el artículo 152 o vencido el plazo señalado en el inciso anterior.

Las personas que se hayan desempeñado como integrantes del Consejo Constitucional, de la Comisión Experta o del Comité Técnico de Admisibilidad, no podrán ser candidatos a las próximas elecciones de Presidente de la República, diputado, senador, gobernador regional, consejero regional, alcalde y concejal. Asimismo, no podrán ser candidatos a ningún otro cargo de elección popular en la primera elección que corresponda a cada cargo que se cree en virtud de la nueva Constitución.

Del plebiscito constitucional

Artículo 159.- Comunicada al Presidente de la República la propuesta de texto constitucional aprobada por el Consejo Constitucional, éste deberá convocar dentro de los tres días siguientes a dicha comunicación, mediante decreto supremo exento, a un plebiscito nacional constitucional para que el electorado se pronuncie sobre la propuesta.

En el plebiscito señalado, el electorado dispondrá de una cédula electoral que contendrá la siguiente pregunta, "¿Está usted a favor o en contra del texto de Nueva Constitución?". Bajo la cuestión planteada habrá dos rayas horizontales, una al lado de la otra. La primera de ellas, tendrá en su parte inferior la expresión "A favor", y la segunda, la expresión "En contra", a fin de que el elector pueda marcar su preferencia sobre una de las alternativas.

Este plebiscito se celebrará el 17 de diciembre de 2023.

El proceso de calificación del plebiscito nacional deberá quedar concluido dentro de los treinta días siguientes a la fecha de éste. La sentencia de proclamación del plebiscito será comunicada dentro de los tres días siguientes de su dictación al Presidente de la República y al Congreso Nacional.

Si la cuestión planteada al electorado en el plebiscito nacional constitucional fuere ratificada, el Presidente de la República deberá, dentro de los cinco días siguientes a la comunicación de la sentencia referida en el inciso anterior, convocar al Congreso Pleno para que, en un acto público y solemne, se promulgue y se jure o prometa respetar y acatar la nueva Constitución Política de la República. Dicho texto será publicado en el Diario Oficial dentro de los diez días siguientes a su promulgación y entrará en vigencia en dicha fecha. A partir de esta fecha, quedará derogada la presente Constitución Política de la República, cuyo texto refundido, coordinado y sistematizado se encuentra establecido en el decreto supremo N° 100, de 17 de septiembre de 2005, del Ministerio Secretaría General de la Presidencia.

A efecto de este plebiscito, se aplicarán las disposiciones pertinentes contenidas en los siguientes cuerpos legales, en sus textos vigentes al 1 de enero de 2023:

a) Decreto con fuerza de ley N° 2, del año 2017, del Ministerio Secretaría General de la Presidencia, que fija el texto refundido, coordinado y sistematizado de la ley N° 18.700, orgánica constitucional sobre Votaciones Populares y Escrutinios, en los siguientes pasajes: Párrafo 5°; Párrafo 6°, con excepción del inciso sexto del artículo 32 e incisos segundo a cuarto del artículo 33; Párrafos 7°, 8°, 9°, 10° y 11° Título I; Título II al X inclusive, y Título XII y XIII.

b) Decreto con fuerza de ley N° 5, del año 2017, del Ministerio Secretaría General de la Presidencia, que fija el texto refundido, coordinado y sistematizado de la ley N° 18.556, orgánica constitucional sobre Sistema de Inscripciones Electorales y Servicio Electoral.

c) Decreto con fuerza de ley N° 4, del año 2017, del Ministerio Secretaría General de la Presidencia, que fija el texto refundido, coordinado y sistematizado de la ley N° 18.603, orgánica constitucional de los Partidos Políticos.

Los canales de televisión de libre recepción deberán destinar gratuitamente treinta minutos diarios de sus transmisiones a propaganda electoral sobre este plebiscito, debiendo dar expresión a los partidos políticos que opten por una o ambas opciones contempladas en cada cédula, conforme a un acuerdo que adoptará el Consejo Nacional de Televisión y que será publicado en el Diario Oficial, dentro del plazo de quince días contado desde la publicación de la convocatoria al plebiscito nacional, respetando una estricta igualdad de promoción de las opciones plebiscitadas. De este acuerdo podrá reclamarse ante el Tribunal Calificador de Elecciones dentro del plazo de tres días contado desde la publicación del mismo. El Tribunal Calificador de Elecciones resolverá la reclamación sumariamente dentro del plazo de cinco días contado desde la fecha de su respectiva interposición.

El Tribunal Calificador de Elecciones conocerá del escrutinio general y proclamará aprobada la cuestión que haya obtenido más de la mitad de los sufragios válidamente emitidos. Para estos efectos, los votos nulos y blancos se considerarán como no emitidos. El proceso de calificación del plebiscito nacional deberá quedar concluido dentro de los treinta días siguientes a la fecha de éste. La sentencia de proclamación del plebiscito será comunicada dentro de los tres días siguientes de su dictación al Presidente de la República y al Congreso Nacional.

La nueva Constitución deberá difundirse y repartirse gratuitamente a todos los establecimientos educacionales, públicos o privados; municipalidades y bibliotecas municipales; Biblioteca del Congreso Nacional; Archivo Nacional; Biblioteca Nacional; universidades, y órganos del Estado. Además, deberá estar disponible en sitios web oficiales. Los jueces y magistrados de los tribunales superiores de justicia deberán recibir un ejemplar de la Constitución.

Sólo para efectos de ejecutar las acciones en materia de padrones y propaganda electoral establecidas en las leyes aplicables al plebiscito constitucional, el Servicio Electoral deberá considerar como fecha de celebración del plebiscito el día 17 de diciembre de 2023.

Al plebiscito constitucional le será aplicable lo dispuesto en el párrafo final del número 3 del inciso quinto del artículo 144.

Artículo 160.- El sufragio tanto en la elección de miembros del Consejo Constitucional como en el plebiscito señalado en el artículo anterior será obligatorio para quienes tengan domicilio electoral en Chile.

El elector que no sufragare será penado con una multa a beneficio municipal de 0,5 a 3 unidades tributarias mensuales.

No incurrirá en esta sanción el elector que haya dejado de cumplir su obligación por enfermedad, ausencia del país, encontrarse el día del plebiscito en un lugar situado a más de doscientos kilómetros de aquel en que se encontrare registrado su domicilio electoral o por otro impedimento grave, debidamente comprobado ante el juez competente, quien apreciará la prueba de acuerdo a las reglas de la sana crítica.

Las personas que durante la realización del plebiscito nacional constitucional desempeñen funciones que encomienda el decreto con fuerza de ley Nº 2, del año 2017, del Ministerio Secretaría General de la Presidencia, que fija el texto refundido, coordinado y sistematizado de la ley Nº 18.700, orgánica constitucional sobre Votaciones Populares y Escrutinios, se eximirán de la sanción establecida en el presente artículo, remitiendo al juez competente un certificado que acredite esta circunstancia.

El conocimiento de la infracción señalada corresponderá al juez de policía local de la comuna donde se cometieron tales infracciones, de acuerdo con el procedimiento establecido en la ley N° 18.287, que establece procedimiento ante los Juzgados de Policía Local. El Director del Servicio Electoral deberá interponer las respectivas denuncias dentro del plazo de un año desde la celebración del plebiscito.

Artículo 161.- Para el financiamiento público y privado, transparencia, límite y control del gasto electoral que los partidos políticos realicen para el plebiscito a que hace referencia el artículo 159, se estará a las reglas aplicables a la elección de diputados que establece el decreto con fuerza de ley N° 3, de 2017, del Ministerio Secretaría General de la Presidencia, que fija el texto refundido, coordinado y sistematizado de la ley N° 19.884, con las siguientes reglas especiales:

1. Se considerará como período de campaña electoral aquel comprendido entre el día en que se publique el decreto supremo exento a que hace referencia el artículo 159 hasta la fecha efectiva del plebiscito.

2. Para efectos del límite del gasto electoral, los partidos políticos no podrán superar el límite que el artículo 5 del cuerpo legal citado fija para la elección de diputados. Para el cálculo de dicho límite, se considerará la suma nacional de las candidaturas de estos partidos inscritas en el Registro Especial de la última elección de diputados. En el caso de los partidos que no hubieren participado en la última elección de diputados, se presumirá que participaron en ella en la misma forma que el partido que declaró la menor cantidad de candidatos a diputados.

3. Para la aplicación de lo dispuesto en el artículo 15 de dicha ley, se presumirá que todos los partidos legalmente constituidos 140 días antes de la fecha indicada en el inciso final del artículo 159 han declarado candidaturas a diputados. No se aplicará lo dispuesto en los artículos 17 y 18 de la mencionada ley.

4. El Consejo Directivo del Servicio Electoral deberá dictar las normas e instrucciones necesarias para la correcta aplicación de las normas sobre financiamiento público y privado, transparencia, límite y control del gasto electoral aplicable a los partidos políticos para el plebiscito señalado en el artículo 159, pudiendo éstos defender una o ambas opciones planteadas en él.

DISPOSICIONES TRANSITORIAS

PRIMERA.- Mientras se dictan las disposiciones que den cumplimiento a lo prescrito en el inciso tercero del número 1º del artículo 19 de esta Constitución, continuarán rigiendo los preceptos legales actualmente en vigor.

SEGUNDA.- Mientras se dicta el nuevo Código de Minería, que deberá regular, entre otras materias, la forma, condiciones y efectos de las concesiones mineras a que se refieren los incisos séptimo al décimo del número 24º del artículo 19 de esta Constitución Política, los titulares de derechos mineros seguirán regidos por la legislación que estuviere en vigor al momento en que entre en vigencia esta Constitución, en calidad de concesionarios.

Los derechos mineros a que se refiere el inciso anterior subsistirán bajo el imperio del nuevo Código, pero en cuanto a sus goces y cargas y en lo tocante a su extinción, prevalecerán las disposiciones de dicho nuevo Código de Minería. Este nuevo Código deberá otorgar plazo a los concesionarios para cumplir los nuevos requisitos que se establezcan para merecer amparo legal.

En el lapso que medie entre el momento en que se ponga en vigencia esta Constitución y aquél en que entre en vigor el nuevo Código de Minería, la constitución de derechos mineros con el carácter de concesión señalado en los incisos séptimo al décimo del número 24º del artículo 19 de esta Constitución, continuará regida por la legislación actual, al igual que las concesiones mismas que se otorguen.

TERCERA.- La gran minería del cobre y las empresas consideradas como tal, nacionalizadas en virtud de lo prescrito en la disposición 17a. transitoria de la Constitución Política de 1925, continuarán rigiéndose por las normas constitucionales vigentes a la fecha de promulgación de esta Constitución.

CUARTA.- Se entenderá que las leyes actualmente en vigor sobre materias que conforme a esta Constitución deben ser objeto de leyes orgánicas constitucionales o aprobadas con quórum calificado, cumplen estos requisitos y seguirán aplicándose en lo que no sean contrarias a la Constitución, mientras no se dicten los correspondientes cuerpos legales.

QUINTA.- No obstante lo dispuesto en el número 6º del artículo 32, mantendrán su vigencia los preceptos legales que a la fecha de promulgación de esta Constitución hubieren reglado materias no comprendidas en el artículo 63, mientras ellas no sean expresamente derogadas por ley.

SEXTA.- Sin perjuicio de lo dispuesto en el inciso tercero del número 20° del artículo 19, mantendrán su vigencia las disposiciones legales que hayan establecido tributos de afectación a un destino determinado, mientras no sean expresamente derogadas.

SÉPTIMA.- El indulto particular será siempre procedente respecto de los delitos a que se refiere el artículo 9° cometidos antes del 11 de marzo de 1990. Una copia del Decreto respectivo se remitirá, en carácter reservado, al Senado.

OCTAVA.- Las normas del capítulo VII «Ministerio Público», regirán al momento de entrar en vigencia la ley orgánica constitucional del Ministerio Público. Esta ley podrá establecer fechas diferentes para la entrada en vigor de sus disposiciones, como también determinar su aplicación gradual en las diversas materias y regiones del país.

El capítulo VII «Ministerio Público», la ley orgánica constitucional del Ministerio Público y las leyes que, complementando dichas normas, modifiquen el Código Orgánico de Tribunales y el Código de Procedimiento Penal, se aplicarán exclusivamente a los hechos acaecidos con posterioridad a la entrada en vigencia de tales disposiciones.

NOVENA.- No obstante lo dispuesto en el artículo 87, en la quina y en cada una de las ternas que se formen para proveer por primera vez los cargos de Fiscal Nacional y de fiscales regionales, la Corte Suprema y las Cortes de Apelaciones podrán incluir, respectivamente, a un miembro activo del Poder Judicial.

DÉCIMA.- Las atribuciones otorgadas a las municipalidades en el artículo 121, relativas a la modificación de la estructura orgánica, de personal y de remuneraciones, serán aplicables cuando se regulen en la ley respectiva las modalidades, requisitos y limitaciones para el ejercicio de estas nuevas competencias.

DECIMOPRIMERA.- En el año siguiente a la fecha de publicación de la presente ley de reforma constitucional no podrán figurar en las nóminas para integrar la Corte Suprema quienes hayan desempeñado los cargos de Presidente de la República, diputado, senador, Ministro de Estado, intendente, gobernador o alcalde.

DECIMOSEGUNDA.- El mandato del Presidente de la República en ejercicio será de seis años, no pudiendo ser reelegido para el período siguiente.

DECIMOTERCERA.- El Senado estará integrado únicamente por senadores electos en conformidad con el artículo 49 de la Constitución Política de la República y la Ley Orgánica Constitucional sobre Votaciones Populares y Escrutinios actualmente vigentes.

Las modificaciones a la Ley Orgánica Constitucional sobre Votaciones Populares y Escrutinios que digan relación con el número de senadores y diputados, las circunscripciones y distritos existentes, y el sistema electoral vigente, requerirán del voto conforme de las cuatro séptimas partes de los diputados y senadores en ejercicio.

DECIMOCUARTA.- El reemplazo de los actuales Ministros y el nombramiento de los nuevos integrantes del Tribunal Constitucional, se efectuará conforme a las reglas siguientes:

Los actuales Ministros nombrados por el Presidente de la República, el Senado, la Corte Suprema y el Consejo de Seguridad Nacional se mantendrán en funciones hasta el término del período por el cual fueron nombrados o hasta que cesen en sus cargos.

El reemplazo de los Ministros designados por el Consejo de Seguridad Nacional corresponderá al Presidente de la República.

El Senado nombrará tres Ministros del Tribunal Constitucional, dos directamente y el tercero previa propuesta de la Cámara de Diputados. Este último durará en el cargo hasta el mismo día en que cese el actualmente nombrado por el Senado o quién lo reemplace en conformidad al inciso séptimo de este artículo, y podrá ser reelegido.

Los actuales Ministros de la Corte Suprema que lo sean a su vez del Tribunal Constitucional, quedarán suspendidos temporalmente en el ejercicio de sus cargos en dicha Corte, seis meses después que se publique la presente reforma constitucional y sin afectar sus derechos funcionarios. Reasumirán esos cargos al término del período por el cual fueron nombrados en el Tribunal Constitucional o cuando cesen en este último por cualquier motivo.

La Corte Suprema nominará, en conformidad a la letra c) del Artículo 92, los abogados indicados en la medida que se vayan generando las vacantes correspondientes. No obstante, el primero de ellos será nombrado por tres años, el segundo por seis años y el tercero por nueve años. El que haya sido nombrado por tres años podrá ser reelegido.

Si alguno de los actuales Ministros no contemplados en el inciso anterior cesare en su cargo, se reemplazará por la autoridad indicada en las letras a) y b) del artículo 92, según corresponda, y su período durará por lo que reste a su antecesor, pudiendo éstos ser reelegidos.

Los Ministros nombrados en conformidad a esta disposición deberán ser designados con anterioridad al 11 de diciembre de 2005 y entrarán en funciones el 1 de enero de 2006.

DECIMOQUINTA.- Los tratados internacionales aprobados por el Congreso Nacional con anterioridad a la entrada en vigor de la presente reforma constitucional, que versen sobre materias que conforme a la Constitución deben ser aprobadas por la mayoría absoluta o las cuatro séptimas partes de los diputados y senadores en ejercicio, se entenderá que han cumplido con estos requisitos.

Las contiendas de competencia actualmente trabadas ante la Corte Suprema y las que lo sean hasta la entrada en vigor de las modificaciones al Capítulo VIII, continuarán radicadas en dicho órgano hasta su total tramitación.

Los procesos iniciados, de oficio o a petición de parte, o que se iniciaren en la Corte Suprema para declarar la inaplicabilidad de un precepto legal por ser contrario a la Constitución, con anterioridad a la aplicación de las reformas al Capítulo VIII, seguirán siendo de conocimiento y resolución de esa Corte hasta su completo término.

DECIMOSEXTA.- Las reformas introducidas al Capítulo VIII entran en vigor seis meses después de la publicación de la presente reforma constitucional con la excepción de lo regulado en la disposición decimocuarta.

DECIMOSÉPTIMA.- Las Fuerzas de Orden y Seguridad Pública seguirán siendo dependientes del Ministerio encargado de la Defensa Nacional hasta que se dicte la nueva ley que cree el Ministerio encargado de la Seguridad Pública.

DECIMOCTAVA.- Las modificaciones dispuestas en el artículo 57, Nº 2, comenzarán a regir después de la próxima elección general de parlamentarios.

DECIMONOVENA.- No obstante, la modificación al Artículo 16 N° 2 de esta Constitución, también se suspenderá el derecho de sufragio de las personas procesadas por hechos anteriores al 16 de Junio de 2005, por delitos que merezcan pena aflictiva o por delito que la ley califique como conducta terrorista.

VIGÉSIMA.- En tanto no se creen los tribunales especiales a que alude el párrafo cuarto del número 16° del Artículo 19, las reclamaciones motivadas por la conducta ética de los profesionales que no pertenezcan a colegios profesionales, serán conocidas por los tribunales ordinarios.

VIGESIMOPRIMERA.- La reforma introducida en el numeral 10º del artículo 19, que establece la obligatoriedad del segundo nivel de transición y el deber del Estado de financiar un sistema gratuito a partir del nivel medio menor, destinado a asegurar el acceso a éste y sus niveles superiores, entrará en vigencia gradualmente, en la forma que disponga la ley.

VIGESIMOSEGUNDA.- Mientras no entren en vigencia los estatutos especiales a que se refiere el artículo 126 bis, los territorios especiales de Isla de Pascua y Archipiélago Juan Fernández continuarán rigiéndose por las normas comunes en materia de división político-administrativa y de gobierno y administración interior del Estado.

VIGESIMOTERCERA.- Las reformas introducidas a los artículos 15 y 18 sobre voluntariedad del voto e incorporación al registro electoral por el solo ministerio de la ley, regirán al momento de entrar en vigencia la respectiva ley orgánica constitucional a que se refiere el inciso segundo del artículo 18 que se introduce mediante dichas reformas.

VIGESIMOCUARTA.- El Estado de Chile podrá reconocer la jurisdicción de la Corte Penal Internacional en los términos previstos en el tratado aprobado en la ciudad de Roma, el 17 de julio de 1998, por la Conferencia Diplomática de Plenipotenciarios de las Naciones Unidas sobre el establecimiento de dicha Corte.

Al efectuar ese reconocimiento, Chile reafirma su facultad preferente para ejercer su jurisdicción penal en relación con la jurisdicción de la Corte. Esta última será subsidiaria de la primera, en los términos previstos en el Estatuto de Roma que creó la Corte Penal Internacional.

La cooperación y asistencia entre las autoridades nacionales competentes y la Corte Penal Internacional, así como los procedimientos judiciales y administrativos a que hubiere lugar, se sujetarán a lo que disponga la ley chilena.

La jurisdicción de la Corte Penal Internacional, en los términos previstos en su Estatuto, sólo se podrá ejercer respecto de los crímenes de su competencia cuyo principio de ejecución sea posterior a la entrada en vigor en Chile del Estatuto de Roma.

VIGESIMOQUINTA.- La modificación introducida en el inciso cuarto del artículo 60, entrará en vigencia transcurridos ciento ochenta días a contar de la publicación de esta ley en el Diario Oficial.

VIGESIMOSEXTA.- Prorrógase el mandato de los consejeros regionales en ejercicio a la fecha de publicación de la presente reforma constitucional, y el de sus respectivos suplentes, hasta el 11 de marzo del año 2014.

La primera elección por sufragio universal en votación directa de los consejeros regionales a que se refiere el inciso segundo del artículo 113 se realizará en conjunto con las elecciones de Presidente de la República y Parlamentarios, el día 17 de noviembre del año 2013.

Para este efecto, las adecuaciones a la ley orgánica constitucional respectiva deberán entrar en vigencia antes del 20 de julio del año 2013.

VIGESIMOSÉPTIMA.- No obstante lo dispuesto en el artículo 94 bis, los actuales consejeros del Consejo Directivo del Servicio Electoral cesarán en sus cargos según los períodos por los cuales fueron nombrados. Los nuevos consejeros que corresponda designar el año 2017 durarán en sus cargos seis y ocho años cada uno, conforme a lo que señale el Presidente de la República en su propuesta. Asimismo, los nuevos nombramientos que corresponda efectuar el año 2021 durarán en sus cargos seis, ocho y diez años cada uno, conforme a lo que señale el Presidente de la República en su propuesta. En ambos casos, el Jefe de Estado formulará su proposición en un solo acto y el Senado se pronunciará sobre el conjunto de la propuesta.

Quienes están actualmente en funciones no podrán ser propuestos para un nuevo período, si con dicha prórroga superan el plazo total de diez años en el desempeño del cargo.

VIGESIMOCTAVA.- No obstante lo dispuesto en el artículo 83 del decreto con fuerza de ley N° 1-19.175, de 2005, del Ministerio del Interior, que fija el texto refundido, coordinado y sistematizado de la ley N° 19.175, orgánica constitucional de Gobierno y Administración Regional, la primera elección de Gobernadores Regionales se realizará los días 15 y 16 de mayo de 2021.

En caso de existir una segunda votación en los términos señalados en el inciso quinto del artículo 111 de la Constitución, ésta se realizará el 13 de junio de 2021.

No obstante lo dispuesto en el artículo 99 bis de la ley Nº 19.175, orgánica constitucional sobre Gobierno y Administración Regional, cuyo texto refundido, coordinado, sistematizado y actualizado fue fijado por el decreto con fuerza de ley N° 1-19.175, de 2005, del Ministerio del Interior, el periodo del primer gobernador regional electo en la elección señalada en el inciso primero comenzará a computarse el día 14 de julio de 2021, en el que el Gobernador Regional asumirá sus funciones en conformidad a la disposición citada y su mandato durará hasta el día 6 de enero de 2025.

Las inhabilidades establecidas en las letras a), b), c) y d) del artículo 23 ter del decreto con fuerza de ley señalado en el inciso primero, serán aplicables a quienes hubieren tenido las calidades o cargos mencionados dentro del lapso comprendido entre el 25 de octubre de 2019 al día de la elección.

El período establecido en el inciso segundo del artículo 113 podrá ser adecuado por la ley orgánica constitucional señalada en los incisos cuarto y quinto del artículo 111 para que los períodos de ejercicio de gobernadores regionales y consejeros regionales coincidan. Esta modificación requerirá, para su aprobación, del voto favorable de las tres quintas partes de los diputados y senadores en ejercicio.

Una vez que asuman los gobernadores regionales electos, los presidentes de los consejos regionales cesarán de pleno derecho en sus funciones, las que serán asumidas por el respectivo gobernador regional.

Los gobernadores regionales electos, desde que asuman, tendrán las funciones y atribuciones que las leyes otorgan expresamente al intendente en tanto órgano ejecutivo del gobierno regional. Las restantes funciones y atribuciones que las leyes entregan al intendente se entenderán referidas al delegado presidencial regional que corresponda. Asimismo, las funciones y atribuciones que las leyes entregan al gobernador se entenderán atribuidas al delegado presidencial provincial.

Mientras no asuman los primeros gobernadores regionales electos, a los cargos de intendentes y gobernadores les serán aplicables las disposiciones constitucionales vigentes previas a la publicación de la presente reforma constitucional.

VIGÉSIMO NOVENA.- Reglas especiales para la elección de representantes a la Convención Mixta Constitucional o Convención Constitucional.

De las listas de independientes. Para la elección de los integrantes de la Convención Mixta Constitucional o Convención Constitucional se podrán presentar listas de candidatos independientes o independientes fuera de lista, que se regirán por las siguientes reglas:

Para declarar sus candidaturas, los candidatos y candidatas independientes fuera de lista requerirán el patrocinio de un número de ciudadanos independientes igual o superior al 0,2 por ciento de los electores que hubiesen sufragado en el respectivo distrito electoral en la anterior elección periódica de diputados, de acuerdo con el escrutinio general realizado por el Tribunal Calificador de Elecciones, a menos que dicho porcentaje de electores en un distrito electoral sea menor a 300, en cuyo caso se requerirá el patrocinio de 300 ciudadanos independientes.

Dos o más candidatos independientes podrán constituir una lista electoral. Esta lista regirá exclusivamente en el distrito electoral en el que los candidatos independientes declaren sus candidaturas.

La declaración de esta lista estará sujeta a las mismas reglas que las candidaturas a diputado, en lo que les sea aplicable, la que además deberá contener un lema común que los identifique y un programa en el que se indicarán las principales ideas o propuestas relativas al ejercicio de su función constituyente. Esta lista requerirá el patrocinio de un número de ciudadanos independientes igual o superior al 0,5 por ciento de los electores que hubiesen sufragado en el respectivo distrito electoral en la anterior elección periódica de diputados, de acuerdo con el escrutinio general realizado por el Tribunal Calificador de Elecciones, a menos que dicho porcentaje de electores en un distrito electoral sea menor a 500, en cuyo caso se requerirá el patrocinio de 500 ciudadanos independientes. Los patrocinios de la lista se obtendrán de la sumatoria de los patrocinios individuales de los candidatos y candidatas que lo conforman.

La lista se conformará con aquellos candidatos o candidatas que en definitiva cumplan con los requisitos señalados. En todo lo demás, a las listas de personas independientes les serán aplicables las reglas generales como si se tratara de una lista compuesta por un solo partido, incluyendo además la ley N° 19.884, sobre Transparencia, Límite y Control del Gasto Electoral, cuyo texto refundido, coordinado y sistematizado fue fijado por el decreto con fuerza de ley N° 3, de 2017, del Ministerio Secretaría General de la Presidencia.

El patrocinio de candidaturas independientes a que alude este artículo podrá realizarse a través de una plataforma electrónica dispuesta por el Servicio Electoral, a la que se accederá previa autentificación de identidad. En este caso, se entenderá suscrito el patrocinio de la respectiva candidatura a través de medios electrónicos. Por medio de esta plataforma, el Servicio Electoral generará la nómina de patrocinantes, en tiempo y forma, para efectos de la declaración de la respectiva candidatura. Esta plataforma deberá cumplir con los estándares de seguridad necesarios para asegurar su adecuado funcionamiento.

TRIGÉSIMA.- De la declaración de candidaturas para la Convención en equilibrio de género.

En el caso de las declaraciones de candidaturas para la elección de Convencionales Constituyentes, la lista de un partido político, pactos electorales de partidos políticos o listas celebradas entre candidaturas independientes, deberán señalar el orden de precedencia que tendrán los candidatos en la cédula para cada distrito electoral, comenzando por una mujer y alternándose, sucesivamente, éstas con hombres.

En cada distrito electoral, las listas integradas por un número par de candidaturas deberán tener el mismo número de mujeres y de hombres. Si el total de postulantes fuere impar, un sexo no podrá superar al otro en más de uno. No será aplicable lo dispuesto en el inciso quinto del artículo 4 de la ley N° 18.700, sobre Votaciones Populares y Escrutinios, cuyo texto refundido, coordinado y sistematizado fue fijado por el decreto con fuerza de ley N° 2, de 2017, del Ministerio Secretaría General de la Presidencia.

En los distritos que elijan tres a cuatro escaños, las listas podrán declarar hasta seis candidaturas a Convencionales Constituyentes, siguiendo los incisos anteriores, y no se aplicará al respecto lo dispuesto en el inciso primero del artículo 5 de la referida ley, el cual regirá para el resto de los distritos que elijan cinco o más escaños.

La infracción de cualquiera de los requisitos establecidos en los incisos anteriores producirá el rechazo de todas las candidaturas declaradas en el distrito por el respectivo partido político, el pacto electoral de partidos políticos o la correspondiente lista de candidaturas independientes.

TRIGÉSIMA PRIMERA.- Del equilibrio entre mujeres y hombres en la elección de Convencionales Constituyentes.

Para la distribución y asignación de escaños de los Convencionales Constituyentes se seguirán las siguientes reglas:

1. El sistema electoral para la Convención Constitucional se orientará a conseguir una representación equitativa de hombres y mujeres. Con este objetivo, en los distritos que repartan un número par de escaños, deben resultar electos igual número de hombres y mujeres, mientras que en los distritos que repartan un número impar de escaños, no podrá resultar una diferencia de escaños superior a uno, entre hombres y mujeres.

2. Se asignarán los escaños que correspondan preliminarmente aplicando el artículo 121 de la ley Nº 18.700, sobre Votaciones Populares y Escrutinios, cuyo texto refundido, coordinado y sistematizado fue fijado por el decreto con fuerza de ley Nº 2, de 2017, del Ministerio Secretaría General de la Presidencia, según lo dispuesto en los artículos 139, 140 y 141 de esta Constitución.

3. En caso de que la asignación preliminar se ajuste a lo señalado en el numeral 1, se proclamará Convencionales Constituyentes electos a dichas candidatas y candidatos.

4. Si en la asignación preliminar de Convencionales Constituyentes electos en un distrito resulta una proporción, entre los distintos sexos, distinta de la señalada en el numeral 1, no se aplicará lo dispuesto en el numeral 3) ni en la letra d) del número 4) del artículo 121 de la ley Nº 18.700, sobre Votaciones Populares y Escrutinios, y se procederá de la siguiente forma:

a) Se determinará la cantidad de hombres y mujeres que deban aumentar y disminuir, respectivamente, en el distrito, para obtener la distribución mínima indicada en el numeral 1.

b) Se ordenarán las candidaturas asignadas preliminarmente del sexo sobrerepresentado según su votación individual de menor a mayor.

c) Se proclamará Convencional Constituyente a la candidatura del sexo subrepresentado con mayor votación, a la que no se le haya asignado el escaño preliminarmente, del mismo partido político, en caso de lista de partido político único o pacto electoral, o a la candidatura con mayor votación del sexo subrepresentado, en caso de las listas constituidas entre candidaturas independientes, en lugar de la candidatura asignada preliminarmente de menor votación del sexo sobrerepresentado.

En caso de que no se pudiere mantener el escaño en el mismo partido, se proclamará Convencional Constituyente al candidato o candidata del sexo subrepresentado más votado de la misma lista o pacto, en lugar del candidato o candidata menos votado del sexo sobrerepresentado.

Si de la aplicación de esta regla no se lograre el equilibrio de género, se realizará el mismo procedimiento, continuando con la candidatura del sexo sobrerepresentado siguiente en la nómina de la letra b), y así sucesivamente.

En ningún caso procederá reasignación alguna respecto de los ciudadanos independientes que resulten electos fuera de lista. Sin embargo, éstos se considerarán con el objeto de establecer el cumplimiento de la paridad o diferencia mínima entre sexos a que alude el numeral 1.

En el caso de que la ciudadanía elija la opción de Convención Mixta Constitucional en el plebiscito nacional del domingo 25 de octubre del año 2020, serán aplicables las normas de la presente disposición transitoria para la elección de todos los ciudadanos electos por la ciudadanía para dicha Convención Mixta Constitucional.

TRIGÉSIMA SEGUNDA.- Hasta por el plazo de dos años a contar de la publicación de la presente reforma, y por la actual pandemia de COVID-19, la Cámara de Diputados, el Senado y el Congreso Pleno, este último para efectos de lo dispuesto en los artículos 24 y 56 bis, podrán funcionar por medios telemáticos una vez declarada una cuarentena sanitaria o un estado de excepción constitucional por calamidad pública que signifique grave riesgo para la salud o vida de los habitantes del país o de una o más regiones, que les impida sesionar, total o parcialmente, y mientras este impedimento subsista.

Para las sesiones de las cámaras se requerirá el acuerdo de los Comités que representen a los dos tercios de los integrantes de la respectiva cámara. Ellas podrán sesionar, votar proyectos de ley y de reforma constitucional y ejercer sus facultades exclusivas.

El procedimiento telemático deberá asegurar que el voto de los parlamentarios sea personal, fundado e indelegable.

En los casos del Congreso Pleno, a que se refiere el inciso primero, los Presidentes de ambas Corporaciones acordarán la dependencia del Congreso Nacional en la que se cumplirán estas obligaciones, quiénes podrán concurrir presencialmente a esas sesiones y si éstas deben realizarse de manera total o parcialmente telemática.

La cuenta del estado administrativo y político de la Nación ante el Congreso Pleno a que se refiere el inciso tercero del artículo 24, el año 2020 se realizará el día 31 de julio.

TRIGÉSIMA TERCERA.- Déjase sin efecto la convocatoria al plebiscito nacional realizada por el Presidente de la República mediante decreto supremo exento, de conformidad a la ley N° 21.200.

Tres días después de la publicación en el Diario Oficial de la presente reforma constitucional, el Presidente de la República convocará, mediante un decreto supremo exento, al plebiscito nacional señalado en el artículo 130, para el día 25 de octubre de 2020.

Los acuerdos adoptados por el Consejo Nacional de Televisión, y las sentencias de reclamación dictadas por el Tribunal Calificador de Elecciones a que se refiere el inciso sexto del artículo 130, que fueron pronunciadas con anterioridad a la presente reforma constitucional, continuarán vigentes y serán plenamente aplicables al plebiscito nacional del 25 de octubre de 2020.

La convocatoria a la elección de los Convencionales Constituyentes realizada por el Presidente de la República mediante decreto supremo exento, de conformidad a lo establecido en el inciso final del artículo 130, se entenderá realizada para los días 15 y 16 de mayo de 2021.

TRIGÉSIMA CUARTA.- No obstante lo dispuesto en el artículo 106 de la ley Nº 18.695, orgánica constitucional de Municipalidades, cuyo texto refundido, coordinado y sistematizado fue fijado por el decreto con fuerza de ley Nº 1, de 2006, del Ministerio del Interior, la próxima elección municipal se realizará los días 15 y 16 de mayo de 2021.

Prorrógase el mandato de los alcaldes y concejales en ejercicio a la fecha de publicación de la presente reforma constitucional hasta el 28 de junio de 2021.

Las inhabilidades establecidas en las letras a) y b) del artículo 74 del decreto con fuerza de ley señalado en el inciso primero serán aplicables a quienes hubieren tenido las calidades o cargos mencionados dentro del lapso comprendido entre el 25 de octubre de 2019 al día de la elección.

No obstante lo dispuesto en el artículo 83 del decreto con fuerza de ley señalado en el inciso primero, el periodo de los alcaldes y concejales que resulten electos en la elección señalada en el inciso primero comenzará a computarse el día 28 de junio de 2021, día en que asumirán sus funciones en conformidad a la disposición citada y su mandato durará hasta el día 6 de diciembre de 2024.

TRIGÉSIMA QUINTA.- No obstante lo dispuesto en los incisos tercero y cuarto del artículo 3 del decreto con fuerza de ley N° 1, de 2017, del Ministerio Secretaría General de la Presidencia, que fija el texto refundido, coordinado y sistematizado de la ley N° 20.640, que establece el sistema de elecciones primarias para la nominación de candidatos a Presidente de la República, parlamentarios, gobernadores regionales y alcaldes, las próximas elecciones primarias para la nominación de candidatos a cargos de gobernador regional y alcalde, para efectos de la elección de los días 15 y 16 de mayo de 2021, se realizarán el 29 de noviembre de 2020.

TRIGÉSIMA SEXTA.- Sin perjuicio de lo dispuesto en los incisos cuarto y sexto del artículo 5 del decreto con fuerza de ley N° 2, de 2017, del Ministerio Secretaría General de la Presidencia, que fija el texto refundido, coordinado y sistematizado de la ley N° 18.700, orgánica constitucional de Votaciones Populares y Escrutinios; los candidatos a convencional constituyente, gobernador regional, alcalde y concejal incluidos por un partido político requerirán no haber sido afiliado a otro partido político en el lapso comprendido entre el 26 de octubre de 2019 hasta el vencimiento del plazo para declarar candidaturas.

Los candidatos independientes a convencional constituyente, vayan o no en lista de independientes o asociados a un partido político; gobernador regional, alcalde y concejal no podrán haber estado afiliados a un partido político dentro del lapso comprendido entre el 26 de octubre de 2019 hasta el vencimiento del plazo para declarar candidaturas.

TRIGÉSIMA SÉPTIMA.- Se reanudarán las inscripciones en el Registro Electoral que provengan de solicitudes de acreditación de avecindamiento conforme al artículo 6°, las actualizaciones de las circunstancias contenidas en las letras a) a la e) del artículo 13 y las modificaciones señaladas en el artículo 23, todas del decreto con fuerza de ley N° 5, de 2017, del Ministerio Secretaría General de la Presidencia, que fija el texto refundido, coordinado y sistematizado de la ley N° 18.556, orgánica constitucional de sistema de inscripciones electorales y Servicio Electoral, en la fecha de publicación de la presente reforma constitucional.

No obstante lo dispuesto en el artículo 29 del decreto con fuerza de ley mencionado, la suspensión de inscripciones, actualizaciones y modificaciones del Registro Electoral se efectuará ciento cuarenta días antes del plebiscito señalado en el artículo 130.

Para la elaboración de los padrones electorales y nómina de inhabilitados a que hace referencia el título II del mencionado decreto con fuerza de ley, se estará a lo prescrito en dicho título y en el título III.

TRIGÉSIMA OCTAVA.- Dentro de los treinta días siguientes a la publicación de esta reforma constitucional, el Consejo de Alta Dirección Pública, creado por la ley N° 19.882, fijará, por una sola vez, las remuneraciones de los ministros de Estado y de los diputados y senadores en los términos que dispone el artículo 62, las que regirán hasta que se adopte el acuerdo que establece el artículo 38 bis.

Dentro de los noventa días siguientes a la publicación de esta reforma, el mencionado Consejo determinará, también por una sola vez, las rentas de las demás autoridades señaladas en el artículo 38 bis, las que regirán hasta que se adopte el acuerdo que establece el mencionado precepto. Igualmente, y en el mismo término, precisará las remuneraciones de intendentes y gobernadores, las que regirán hasta el día en que asuman sus cargos los gobernadores regionales.

El Consejo de Alta Dirección Pública reducirá la última remuneración percibida por las autoridades ya mencionadas, en el porcentaje que su estudio lo justifique. Para ello deberá tener en cuenta la Escala Única de Sueldos de la Administración del Estado y los parámetros establecidos en el artículo 38 bis.

El Consejo de Alta Dirección Pública tendrá en especial consideración la realidad económica del país y el análisis de política comparada.

TRIGÉSIMA NOVENA.- Excepcionalmente, y para mitigar los efectos sociales derivados del estado de excepción constitucional de catástrofe por calamidad pública decretado a causa del COVID-19, autorízase a los afiliados del sistema privado de pensiones regido por el decreto ley N° 3.500, de 1980, de forma voluntaria y por única vez, a retirar hasta el 10 por ciento de los fondos acumulados en su cuenta de capitalización individual de cotizaciones obligatorias, estableciéndose como monto máximo de retiro el equivalente a 150 unidades de fomento y un mínimo de 35 unidades de fomento. En el evento de que el 10 por ciento de los fondos acumulados sea inferior a 35 unidades de fomento, el afiliado podrá retirar hasta dicho monto. En el caso de que los fondos acumulados en su cuenta de capitalización individual sean inferiores a 35 unidades de fomento, el afiliado podrá retirar la totalidad de los fondos acumulados en dicha cuenta.

Los fondos retirados se considerarán extraordinariamente intangibles para todo efecto legal, y no serán objeto de retención, descuento, compensación legal o contractual, embargo o cualquier forma de afectación judicial o administrativa, ni podrá rebajarse del monto ya decretado de la compensación económica en el juicio de divorcio, sin perjuicio de las deudas originadas por obligaciones alimentarias.

Los fondos retirados a los cuales hace referencia la presente disposición transitoria no constituirán renta o remuneración para ningún efecto legal y, en consecuencia, serán pagados en forma íntegra y no estarán afectos a comisiones o descuento alguno por parte de las administradoras de fondos de pensiones.

Los afiliados podrán solicitar el retiro de sus fondos hasta 365 días después de publicada la presente reforma constitucional, con independencia de la vigencia del estado de excepción constitucional de catástrofe decretado.

Los afiliados podrán efectuar la solicitud del retiro de fondos en una plataforma con soporte digital, telefónico y presencial que al efecto dispongan las administradoras de fondos de pensiones, asegurando un proceso eficiente y sin demoras. Los fondos que en aplicación de esta disposición le correspondieren al afiliado, se transferirán automáticamente a la "Cuenta 2" sin comisión de administración ni costo alguno para él, o a una cuenta bancaria o de instituciones financieras y cajas de compensación, según lo determine el afiliado, en hasta dos cuotas de un máximo de 75 unidades de fomento cada una. Los retiros que se efectúen conforme a esta disposición serán compatibles con las transferencias directas, beneficios, alternativas de financiamiento y, en general, las medidas económicas que la ley o las disposiciones reglamentarias establezcan a causa del COVID-19. No podrá considerarse el retiro de fondos para el cálculo de las demás medidas adoptadas en razón de la crisis o viceversa.

Se considerará afiliado al sistema privado de pensiones regido por el decreto ley N° 3.500, de 1980, a toda persona que pertenezca a dicho sistema, incluidas aquellas que sean beneficiarias de una pensión de vejez, de invalidez o sobrevivencia.

La entrega de los fondos acumulados y autorizados de retirar se efectuará de la siguiente manera:

– El 50 por ciento en un plazo máximo de diez días hábiles de presentada la solicitud ante la respectiva administradora de fondos de pensiones a que pertenezca el afiliado.

– El 50 por ciento restante en el plazo máximo de treinta días hábiles a contar del desembolso anterior.

La implementación del sistema de transferencias de fondos y otras medidas que se efectúen en virtud de esta disposición no tendrán costo alguno para los afiliados. Además, las administradoras de fondos de pensiones deberán enviar a la Superintendencia de Pensiones todo antecedente del cumplimiento de las medidas que se efectúen con motivo de la aplicación de la presente disposición, y al Banco Central cuando corresponda.

La observancia, fiscalización y sanción de las obligaciones de las administradoras de fondos de pensiones contenidas en la presente disposición, le corresponderá a la autoridad competente dentro de sus atribuciones legales.

CUADRAGÉSIMA.- La reforma constitucional al artículo 109 empezará a regir una vez que entre en vigencia la ley que introduce modificaciones a la ley N° 18.840, Orgánica Constitucional del Banco Central de Chile, que regulará el ejercicio de la nueva facultad que se le otorga al Banco Central.

CUADRAGÉSIMA PRIMERA.- Reglas especiales para el desarrollo del plebiscito nacional dispuesto en el artículo 130 y del plebiscito constitucional dispuesto en el artículo 142. El Consejo Directivo del Servicio Electoral deberá dictar, con a lo menos cuarenta y cinco días de anticipación, a los plebiscitos dispuestos en el artículo 130 y en el artículo 142 de la Constitución Política de la República, respectivamente, y mediante acuerdo adoptado por los cuatro quintos de sus miembros en ejercicio, las normas e instrucciones necesarias para el desarrollo del referido plebiscito nacional, pudiendo fijar reglas especiales y diferentes a las establecidas en el decreto con fuerza de ley Nº 2, del Ministerio Secretaría General de la Presidencia, de 2017, que fija el texto refundido, coordinado y sistematizado de la ley Nº 18.700, Orgánica Constitucional sobre Votaciones Populares y Escrutinios, sin perjuicio de lo dispuesto en el inciso cuarto del referido artículo 130, en las materias que se indican:

a. La constitución, instalación y funcionamiento de mesas receptoras de sufragios;

b. El horario de funcionamiento de las mesas receptoras de sufragios, pudiendo ampliarlo hasta un máximo de doce horas. Asimismo, podrá promover horarios preferentes de votación a diferentes grupos de personas, y establecer el horario de entrega de resultados preliminares desde el exterior;

c. El número y causales de excusa o exclusión de los vocales de las mesas receptoras de sufragios y miembros de los colegios escrutadores, así como la forma de acreditarlas, pudiendo excluir a electores con riesgo de salud, según criterios establecidos por la autoridad sanitaria, para cumplir con dichas funciones;

d. El aforo máximo de personas al interior de los locales de votación, según lo cual se deberá controlar el acceso a los mismos, así como el distanciamiento de electores tanto dentro como al exterior de dichos locales;

e. La fijación del distanciamiento mínimo necesario entre las mesas receptoras de sufragios, sus urnas y cámaras secretas, así como el distanciamiento entre los vocales de mesa, apoderados y la prensa;

f. La determinación de las características y número de las cámaras secretas por cada mesa receptora de sufragios;

g. La determinación del número máximo de apoderados por cada opción plebiscitada que podrán estar presentes en las actuaciones de las juntas electorales y en las oficinas electorales de los locales de votación, en la votación y escrutinio de las mesas receptoras de sufragios, y por los colegios escrutadores;

h. Los útiles electorales disponibles en las mesas receptoras de sufragios y colegios escrutadores;

i. La regulación del tipo de lápiz para marcar la preferencia en las cédulas electorales y para firmar el padrón electoral de la mesa;

j. La obligación del uso de mascarillas y otros medios de protección sanitaria para electores, y quienes se encuentren al interior de los locales de votación, y

k. La dictación de un protocolo de carácter general y obligatorio, en acuerdo con el Ministerio de Salud, que contenga las normas y procedimientos sanitarios que deban cumplirse, en particular las referidas en los literales d), e), g) y j) precedentes, en las actuaciones que realicen las juntas electorales, delegados de las mismas en los locales de votación y sus asesores, vocales de mesas receptoras de sufragios e integrantes de los colegios escrutadores. Este protocolo será obligatorio, además, para electores, apoderados, miembros de las Fuerzas Armadas y de Orden y Seguridad Pública que se encuentren a cargo del resguardo del orden público al interior y exterior de los locales de votación, así como para todo funcionario público, con independencia del órgano del cual dependa, que desempeñe funciones o cumpla obligaciones de carácter electoral.

En ningún caso las medidas sanitarias de carácter general podrán afectar la realización del plebiscito a que se refiere el artículo 130, a nivel nacional, regional ni comunal.

El acuerdo del Consejo Directivo del Servicio Electoral señalado en el inciso primero deberá publicarse en el Diario Oficial y en la página web de dicho servicio, dentro de los dos días siguientes a la fecha de su adopción. El acuerdo señalado será reclamable fundadamente ante el Tribunal Calificador de Elecciones, dentro del plazo de tres días contado desde su publicación. Dicho Tribunal resolverá la reclamación dentro del plazo de diez días contado desde su interposición, y la sentencia no admitirá recurso o acción alguna en su contra.

En los spots a que se refiere el artículo 34 del decreto con fuerza de ley N° 2, del Ministerio Secretaría General de la Presidencia, de 2017, que fija el texto refundido, coordinado y sistematizado de la ley N° 18.700, Orgánica Constitucional sobre Votaciones Populares y Escrutinios, el Servicio Electoral deberá incluir información respecto a las medidas sanitarias que se tomen en virtud de las normas e instrucciones a que se refiere la presente disposición.

Reglas especiales para el desarrollo de las elecciones de los días 15 y 16 de mayo de 2021. Las elecciones municipales, de gobernadores regionales y de Convencionales Constituyentes a realizarse los días 15 y 16 de mayo de 2021 se regirán por las normas legales que correspondan, con las siguientes reglas especiales:

1. El Consejo Directivo del Servicio Electoral deberá dictar las normas e instrucciones necesarias para el desarrollo de las elecciones de los días 15 y 16 de mayo de 2021, en los términos del inciso primero, con a lo menos veinte días de anticipación al inicio de ellas, incluyendo, además de las materias referidas en dicho inciso, las normas e instrucciones sobre las materias que se indican:

a) La constitución de las mesas receptoras de sufragios, informando al Ministerio de Educación en los casos que corresponda.

b) La determinación de horarios preferentes de votación a diferentes grupos de personas.

c) El procedimiento de cierre de jornada y sellado de urnas del día 15 de mayo de 2021, así como el de reapertura de votación el día 16 de mayo de 2021.

d) El proceso de sellado y la custodia de las urnas y los útiles electorales en los locales de votación, tras el cierre de la jornada del día 15 de mayo de 2021. La custodia corresponderá al delegado de la Junta Electoral y al Servicio Electoral, quienes deberán coordinarse para estos efectos con el Ministerio del Interior y Seguridad Pública y el Ministerio de Defensa Nacional para el resguardo y la mantención del orden público y la custodia del lugar donde se guarden las urnas y los útiles electorales, lo que se realizará con el auxilio de las Fuerzas Armadas y Carabineros de Chile. Las urnas electorales serán selladas y reabiertas al día siguiente por los vocales de mesas, sin perjuicio que podrán estar presentes los apoderados acreditados ante la mesa de votación.

Las urnas y los útiles electorales, desde la noche del día 15 de mayo hasta la mañana del 16 de mayo de 2021, permanecerán en un lugar de custodia con sellos especiales, de acuerdo a las normas que dicte el Servicio Electoral.

Asimismo, los lugares de custodia permanecerán cerrados de puertas y ventanas con sellos especiales de acuerdo a las normas que dicte el Servicio Electoral.

Los apoderados generales podrán permanecer durante la noche del 15 de mayo y la mañana del 16 de mayo de 2021 en los locales de votación. En ningún caso podrán entrar al lugar en que se guarden las urnas y los útiles electorales.

El delegado de la Junta Electoral o la persona que éste designe mantendrá un registro de quienes se encuentren en el lugar de votación durante la noche del 15 de mayo y la mañana del 16 de mayo de 2021.

e) El orden del escrutinio de la votación.

2. Será aplicable a las elecciones lo dispuesto en los incisos tercero y cuarto.

3. Las referencias que las leyes u otras normas hagan a la elección del día 11 de abril de 2021 o a las elecciones de los días 10 y 11 de abril de 2021, según corresponda, se entenderán hechas a las elecciones de los días 15 y 16 de mayo de 2021.

4. Los plazos señalados en la normativa aplicable a las elecciones municipales, de gobernadores regionales y de Convencionales Constituyentes, así como aquellos señalados en el inciso final del artículo 131, que deban contarse desde o hasta el día de la elección, considerarán el día

16 de mayo de 2021 para tales efectos, con excepción de aquellos señalados en los artículos 55, 60 y 122 del decreto con fuerza de ley Nº 2, de 2017, del Ministerio Secretaría General de la Presidencia, que fija el texto refundido, coordinado y sistematizado de la ley Nº 18.700, orgánica constitucional sobre Votaciones Populares y Escrutinios, que se entenderá referido al 15 de mayo de 2021.

5. Las personas que se designen vocales de mesas receptoras de sufragio deberán desempeñar dichas funciones los días 15 y 16 de mayo de 2021.

6. El bono de las personas que ejerzan, de modo efectivo, las funciones de vocal de mesa receptora de sufragios los días 15 y 16 de mayo de 2021, a que se refieren los artículos 53 y 55 del decreto con fuerza de ley Nº 2, de 2017, del Ministerio Secretaría General de la Presidencia, que fija el texto refundido, coordinado y sistematizado de la ley Nº 18.700, orgánica constitucional sobre Votaciones Populares y Escrutinios, ascenderá a la suma de sesenta mil pesos. El vocal de mesa que sea designado en virtud del Párrafo 8º del Título I de la ley Nº 18.700 antes referida, que ejerza sus funciones como tal solo uno de los días de elecciones señalados, recibirá el bono al que se refiere el inciso primero del artículo 53 de dicha ley. Por su parte, al vocal de mesa designado de conformidad al artículo 63 de dicha ley le corresponderá el pago de treinta mil pesos por el día en que desempeñe sus funciones.

7. El bono del delegado de la junta electoral, a que se refiere el artículo 60 del decreto con fuerza de ley Nº 2, de 2017, del Ministerio Secretaría General de la Presidencia, que fija el texto refundido, coordinado y sistematizado de la ley Nº 18.700, orgánica constitucional sobre Votaciones

Populares y Escrutinios, ascenderá a la suma de seis unidades de fomento por todas las tareas realizadas con ocasión de la elección que se realice los días 15 y 16 de mayo.

El Consejo Directivo del Servicio Electoral deberá dictar las normas e instrucciones a que se refieren los incisos anteriores y en los mismos términos ahí establecidos, fijando reglas especiales y diferentes a las establecidas en el decreto con fuerza de ley N° 2, del Ministerio Secretaría General de la Presidencia, de 2017, que fija el texto refundido, coordinado y sistematizado de la ley N° 18.700, Orgánica Constitucional sobre Votaciones Populares y Escrutinios, para los procesos electorales de los años 2020, 2021 y 2022, siempre que al momento de dictar el acuerdo al que se alude en el inciso primero se encuentre vigente una alerta sanitaria decretada por la autoridad respectiva.

8. El bono de los asesores del delegado de la junta electoral, a que se refiere el artículo 60 del decreto con fuerza de ley N° 2, de 2017, del Ministerio Secretaría General de la Presidencia, que fija el texto refundido, coordinado y sistematizado de la ley N° 18.700, orgánica constitucional sobre Votaciones Populares y Escrutinios, ascenderá a la suma de 0,6 unidades de fomento por jornada por todas las tareas realizadas con ocasión de la elección de los días 15 y 16 de mayo.

CUADRAGÉSIMA SEGUNDA.- Para la realización y transparencia de la propaganda y publicidad electorales de los plebiscitos a que hacen referencia los artículos 130 y 142, sin perjuicio de las normas regulatorias de la propaganda electoral establecidas en el Párrafo 6° del Título I del decreto con fuerza de ley N° 2, del Ministerio Secretaría General de la Presidencia, de 2017, que fija el texto refundido, coordinado y sistematizado de la ley N° 18.700, Orgánica Constitucional sobre Votaciones Populares y Escrutinios, se estará además a las siguientes reglas especiales:

1. Límite a los aportes para la campaña plebiscitaria. El límite total de los aportes individuales que realicen los afiliados y terceros a los partidos políticos, destinados a la campaña electoral de los plebiscitos señalados, será de quinientas unidades de fomento, sin perjuicio de lo establecido en el artículo 39 del decreto con fuerza de ley N° 4, del Ministerio Secretaría

General de la Presidencia, de 2017, que fija el texto refundido, coordinado y sistematizado de la ley Nº 18.603, Orgánica Constitucional de los Partidos Políticos.

El límite total de los aportes individuales que realicen personas naturales a organizaciones de la sociedad civil destinados a las campañas señaladas será de quinientas unidades de fomento. En el caso de los parlamentarios independientes dicho límite será de sesenta unidades de fomento.

Las organizaciones de la sociedad civil, cualquiera sea su estructura y denominación, excluyendo a aquellas que persigan fines de lucro, para la recepción de aportes y la realización de la propaganda electoral tendrán como único requisito el registrarse ante el Servicio Electoral, de acuerdo a las instrucciones que dicte para tal efecto.

2. Publicidad de los aportes. Todos los aportes serán públicos. Los partidos políticos, los parlamentarios independientes y las organizaciones de la sociedad civil que reciban aportes dentro del período de campaña electoral deberán informarlo, dentro de los tres días siguientes a la fecha de su recepción, al Servicio Electoral, consignando el nombre completo y número de cédula de identidad del aportante, el que será publicado en el sitio web de dicho Servicio y actualizado diariamente, con excepción de los aportes menores a cuarenta unidades de fomento, los que sólo se informarán, guardando reserva de la identidad del aportante.

3. Límite del Gasto Electoral. Los partidos políticos, parlamentarios independientes y organizaciones de la sociedad civil podrán formar comandos por cada una de las opciones sometidas a plebiscito, los que deberán registrarse ante el Servicio Electoral dentro de los tres días siguientes a la fecha de la publicación de la presente reforma constitucional.

El límite del gasto electoral para el conjunto de los comandos o partidos políticos se calculará para cada una de las opciones sometidas a plebiscito y será el que resulte de multiplicar 0,005 unidades de fomento por el número de electores habilitados a la fecha de convocatoria a plebiscito. El límite individual para cada colectividad se determinará aplicando la proporción de votación obtenida en la última elección de diputados incluidos los independientes asociados. Los partidos políticos que no hubieren participado en ella tendrán el mismo límite que le corresponda al partido que hubiere obtenido la menor cantidad de sufragios.

Si dos o más partidos deciden formar un comando, para el cálculo del límite del gasto señalado, se considerará la suma de los sufragios obtenidos por los partidos participantes.

Para la determinación del límite del gasto electoral, los partidos políticos deberán, dentro de los tres días siguientes a la publicación de la presente reforma constitucional, inscribirse en el registro que para tal efecto deberá conformar el Servicio Electoral, indicando si participarán en forma individual o integrando un comando. Dicho organismo efectuará los cálculos respectivos y publicará los límites del gasto electoral en su sitio electrónico y en el Diario Oficial, dentro de los tres días siguientes al vencimiento del plazo anterior. Los partidos políticos podrán inscribirse en una o más de las opciones plebiscitadas. En dicho caso, el límite de cada opción se calculará sobre la base del número de sus diputados que adhieran a una u otra opción.

En el caso de las organizaciones de la sociedad civil, el límite del gasto electoral, por cada opción plebiscitada, será el que resulte de multiplicar 0,0003 unidades de fomento por el número de electores habilitados a la fecha de convocatoria a plebiscito.

En el caso de los parlamentarios independientes, el límite del gasto electoral por cada opción plebiscitada será el equivalente al fijado para el partido político con menor límite de gasto autorizado por el Servicio Electoral.

De las resoluciones que dicte el Servicio Electoral en virtud de lo dispuesto en el presente numeral, podrá reclamarse para ante el Tribunal Calificador de Elecciones dentro del plazo de tres días contado desde la publicación del mismo. El Tribunal Calificador de Elecciones resolverá la reclamación sumariamente dentro del plazo de cinco días contado desde la fecha de su respectiva interposición.

Tratándose del plebiscito constitucional, los plazos de tres días a los que hacen referencia los párrafos primero y cuarto del presente numeral, se contarán desde la fecha de publicación del decreto supremo exento mediante el que el Presidente de la República convoque al plebiscito nacional constitucional, de conformidad a lo señalado en el inciso primero del artículo 142.

4. Prohibición de aportes. Prohíbanse los aportes de campaña provenientes de personas naturales o jurídicas extranjeras, con excepción de los efectuados por extranjeros habilitados legalmente para ejercer el derecho a sufragio en Chile. Asimismo, se prohíben los aportes de campaña provenientes de cualquier persona jurídica constituida en Chile, con excepción de los partidos políticos.

5. De la propaganda electoral y el principio de transparencia. No se entenderá como propaganda electoral la difusión de ideas efectuada por cualquier medio, incluidos los digitales, o comunicaciones a través de páginas web, redes sociales, telefonía y correos electrónicos, realizadas por personas naturales en ejercicio de la libertad de expresión.

Las radioemisoras y empresas periodísticas de prensa escrita deberán remitir al Servicio Electoral, con la periodicidad que éste determine mediante una instrucción, la identidad y los montos involucrados de todo aquel que contrate propaganda electoral con dichos medios. La información será publicada en la página web de dicho Servicio, la que deberá ser actualizada diariamente.

El Director responsable de un órgano de prensa o radioemisora que infrinja lo dispuesto en los incisos anteriores será sancionado con multa a beneficio fiscal de diez a doscientas unidades tributarias mensuales. Igual sanción se aplicará a la empresa propietaria o concesionaria del respectivo medio de difusión.

Además de las multas que procedan conforme a esta disposición, el Servicio Electoral deberá publicar en su sitio electrónico las sanciones aplicadas y la identidad de los infractores.

6. De la propaganda electoral por medios digitales. Los contratos que celebren los partidos políticos, parlamentarios independientes o las organizaciones de la sociedad civil para la utilización de plataformas digitales deberán ser informados por dichas instituciones al Servicio Electoral y publicados por éste. El Servicio Electoral podrá requerir esta información a los proveedores de medios digitales que deberán remitir al Servicio Electoral, la identidad y los montos involucrados de todo aquel que contrate

propaganda electoral, en la forma y plazos señalados por el Servicio Electoral. Esta información será publicada en la página web de dicho Servicio, la que deberá ser actualizada diariamente.

7. De las sanciones y el procedimiento. Las infracciones a lo establecido en los números 1 y 3 de la presente disposición transitoria serán sancionadas con multa del doble al cuádruple del exceso del aporte o del gasto electoral realizado.

Las infracciones a lo establecido en el número 4 serán sancionadas con multa del doble al cuádruple de las cifras indebidamente percibidas. Las personas jurídicas infractoras serán sancionadas con multa del doble al cuádruple del monto ilegalmente aportado.

Toda otra infracción a la presente disposición transitoria que no tenga una pena especial se sancionará con multa de diez a cien unidades tributarias mensuales.

El conocimiento de todas las infracciones a que se refiere la presente disposición transitoria corresponderá al Servicio Electoral, de conformidad a su ley orgánica, debiendo considerar para la aplicación de la sanción, entre otros, los criterios de gradualidad, reiteración y proporcionalidad con los montos involucrados en la infracción. La resolución del Servicio que imponga una sanción podrá ser objeto de los recursos de reconsideración y de reclamación, en subsidio, para ante el Tribunal Calificador de Elecciones, dentro de los cinco días siguientes a la notificación de dicha resolución.

CUADRAGÉSIMA TERCERA.- De la participación de los pueblos indígenas en la elección de convencionales constituyentes.

Con la finalidad de garantizar la representación y participación de los pueblos indígenas reconocidos en la ley N° 19.253, la Convención Constitucional incluirá diecisiete escaños reservados para pueblos indígenas. Los escaños sólo serán aplicables para los pueblos reconocidos en la ley N° 19.253 a la fecha de publicación de la presente reforma.

Podrán ser candidatos o candidatas las personas indígenas que cumplan los requisitos establecidos en el artículo 13 de esta Constitución. Los candidatos deberán acreditar su condición de pertenecientes a algún pueblo, mediante el correspondiente certificado de la calidad de indígena emitido por la Corporación Nacional de Desarrollo Indígena. Para el caso de las candidaturas del pueblo Chango, la calidad indígena se acreditará mediante una declaración jurada según lo dispuesto en el inciso décimo de esta disposición, o la solicitud de calidad de indígena presentada ante la Corporación Nacional de Desarrollo Indígena. Cada candidato se inscribirá para representar a un solo pueblo indígena al cual pertenezca, dentro de los pueblos reconocidos por el artículo 1º de la ley Nº 19.253.

Los candidatos deberán acreditar que tienen su domicilio electoral en las siguientes regiones, según el pueblo al que pertenezcan: para representar al pueblo Aimara, en las regiones de Arica y Parinacota, de Tarapacá o de Antofagasta; para representar al pueblo Mapuche, en las regiones Metropolitana de Santiago, de Coquimbo, de Valparaíso, del Libertador General Bernardo O'Higgins, del Maule, de Ñuble, del Biobío, de La Araucanía, de Los Ríos, de Los Lagos o de Aysén del General Carlos Ibáñez del Campo; para representar al pueblo Rapa Nui, en la comuna de Isla de Pascua; para representar al pueblo Quechua, en las regiones de Arica y Parinacota, de Tarapacá o de Antofagasta; para representar al pueblo Lican Antay o Atacameño, en la Región de Antofagasta; para representar al pueblo Diaguita, en las regiones de Atacama o de Coquimbo; para representar al pueblo Colla, en las regiones de Atacama o de Coquimbo; para representar al pueblo Chango, en las regiones de Antofagasta, de Atacama, de Coquimbo o de Valparaíso; para representar al pueblo Kawashkar, en la Región de Magallanes y de la Antártica Chilena; para representar al pueblo Yagán o Yámana, en la Región de Magallanes y de la Antártica Chilena.

Las declaraciones de candidaturas serán individuales, y, en el caso de los pueblos Mapuche, Aimara y Diaguita, deberán contar con el patrocinio de a lo menos tres comunidades o cinco asociaciones indígenas registradas ante la Corporación Nacional de Desarrollo Indígena o un cacicazgo tradicional reconocido en la ley Nº 19.253, correspondientes al mismo pueblo del candidato o candidata. También podrán patrocinar candidaturas las organizaciones representativas de los pueblos indígenas que no estén inscritas, requiriéndose tres de ellas. Dichas candidaturas también podrán ser patrocinadas por a lo menos ciento veinte firmas de personas que tengan acreditada la calidad indígena del mismo pueblo del patrocinado, según lo dispuesto en el inciso décimo de esta disposición. En los demás pueblos bastará el patrocinio de una sola comunidad, asociación registrada u organización indígena no registrada; o bien, de a lo menos sesenta firmas de personas que tengan acreditada la calidad indígena del mismo pueblo del patrocinado, según lo dispuesto en el inciso décimo de esta disposición.

El patrocinio deberá respaldarse mediante un acta de asamblea patrocinante convocada para ese efecto, autorizada ante alguno de los siguientes ministros de fe: notarios, secretarios municipales o el funcionario a quien éstos deleguen esta función, oficial del Servicio de Registro Civil e Identificación, Corporación Nacional de Desarrollo Indígena, o directamente ante el Servicio Electoral, por vía presencial o con clave única. Cada organización patrocinante sólo podrá patrocinar a una candidatura.

El patrocinio de candidaturas mediante firmas, a que alude esta disposición, podrá realizarse a través de una plataforma electrónica dispuesta por el Servicio Electoral, a la que se accederá previa autentificación de identidad. En este caso, se entenderá suscrito el patrocinio de la respectiva candidatura a través de medios electrónicos. Por medio de esta plataforma, el Servicio Electoral generará la nómina de patrocinantes, en tiempo y forma, para efectos de la declaración de la respectiva candidatura. Esta plataforma deberá cumplir con los estándares de seguridad necesarios para asegurar su adecuado funcionamiento.

Para efectos de garantizar la paridad, cada declaración de candidatura deberá inscribirse designando una candidatura paritaria alternativa del sexo opuesto, y que cumpla con los mismos requisitos de el o la candidata a que eventualmente deba sustituir por razones de paridad.

Se confeccionarán cédulas electorales diferentes para cada uno de los pueblos indígenas reconocidos en el artículo 1° de la ley N° 19.253. La cédula se imprimirá titulándose con las palabras "Convencionales Constituyentes y Candidatos Paritarios Alternativos de Pueblos Indígenas". A continuación se señalará el pueblo indígena al que corresponda. En cada cédula figurarán los nombres de todos los candidatos o candidatas del respectivo pueblo indígena. A continuación de los nombres, y en la misma línea, figurará entre paréntesis el nombre de el o la candidata paritaria alternativa respectiva y la región donde se ubica el domicilio electoral del candidato titular. Los nombres de los candidatos aparecerán ordenados en primer lugar por región y, dentro de ésta, en orden alfabético de apellidos, comenzando por las mujeres y alternando entre hombres y mujeres.

Para los efectos del ordenamiento del proceso, el Servicio Electoral identificará a los electores indígenas y al pueblo al que pertenecen, en el padrón a que se refiere el artículo 33 de la ley Nº 18.556, orgánica constitucional sobre Sistema de Inscripciones Electorales y Servicio Electoral, cuyo texto refundido, coordinado y sistematizado fue fijado por el decreto con fuerza de ley Nº 5, del Ministerio Secretaría General de la Presidencia, de 2017, sobre la base de los siguientes antecedentes disponibles en el Estado: a) nómina de aquellas personas que estén incluidas en el Registro Nacional de Calidades Indígenas; b) datos administrativos que contengan los apellidos mapuche evidentes, conforme a lo establecido en la resolución exenta respectiva del Director de la Corporación Nacional de Desarrollo Indígena; c) nómina de apellidos indígenas de bases de postulantes al Programa de Beca Indígena (de enseñanza básica, media y superior) desde el año 1993; d) Registro Especial Indígena para la elección de consejeros indígenas de la Corporación Nacional de Desarrollo Indígena; e) Registro de Comunidades y Asociaciones Indígenas; f) Registro para la elección de comisionados de la Comisión de Desarrollo de Isla de Pascua. Dicha nómina deberá ser publicada electrónicamente por el Servicio Electoral hasta ochenta días antes de la elección. Para los casos de las letras a), c), d), e) y f), la información deberá ser entregada por la Corporación Nacional de Desarrollo Indígena al Servicio Electoral en los plazos que éste determine; en el caso de la letra b), la información deberá ser entregada por el Servicio de Registro Civil e Identificación, en los mismos términos.

Podrán votar indistintamente por los candidatos o candidatas a convencionales generales de su distrito o candidatos o candidatas indígenas de su propio pueblo: a) los ciudadanos y ciudadanas identificados por el Servicio Electoral como electores indígenas con arreglo al inciso anterior; b) los ciudadanos y ciudadanas que no figurando en dicha nómina, se identifiquen como electores indígenas previamente al día de la elección, obteniendo una autorización del Servicio Electoral por: 1.- acreditar su calidad de indígena mediante un certificado de la Corporación Nacional de Desarrollo Indígena que demuestre su calidad de tal, o 2.- una declaración jurada, elaborada por el Servicio Electoral, donde se indique expresamente que la persona declara que cumple con cualquiera de las condiciones que establece la ley N° 19.253 para obtener la calidad indígena, otorgada ante los siguientes ministros de fe: notarios, secretarios municipales o el funcionario a quien éstos deleguen esta función, oficial del Servicio de Registro Civil e Identificación, Corporación Nacional de Desarrollo Indígena, o directamente ante el Servicio Electoral, por vía presencial o con clave única. Las declaraciones juradas podrán ser entregadas ante el Servicio Electoral hasta el cuadragésimo quinto día antes de la elección por el interesado, o la información de las mismas deberá ser presentada al Servicio Electoral por las demás entidades señaladas en este inciso. La acreditación posterior no procederá para el caso de los electores correspondientes al pueblo Rapa Nui.

Cada elector que se encuentre en alguno de los casos señalados en las letras establecidas en el inciso precedente, podrá sufragar sólo por un candidato o candidata del pueblo al que pertenece, independiente de su domicilio.

Este padrón no será vinculante con el número de escaños a elegir ni tendrá propósitos distintos que el solo hecho de permitir el voto por candidatos de pueblos indígenas, en el marco del proceso de elección de convencionales constituyentes.

Las municipalidades y la Corporación Nacional de Desarrollo Indígena podrán destinar recursos y medios logísticos para facilitar la difusión y el registro de los electores indígenas.

Los diecisiete escaños reservados para pueblos indígenas contemplados en esta disposición serán determinados por el Servicio Electoral, dentro de los ciento cincuenta y cinco escaños a elegir en virtud de los distritos electorales establecidos en el artículo 141 de esta Constitución. Para estos efectos, el Servicio Electoral deberá descontar dichos escaños de los distritos electorales con mayor proporcionalidad de personas mayores de 18 años declaradas indígenas respecto de su población general en el último Censo de 2017, hasta completar el número de escaños establecido en esta disposición. Con todo, sólo se podrá descontar un escaño por distrito, y no se descontará ningún escaño respecto de los distritos electorales que elijan tres convencionales. Para dicho descuento, el Instituto Nacional de Estadísticas deberá entregar al Servicio Electoral la información respecto del total de las personas mayores de 18 años que se hayan declarado indígenas en el último Censo en cada distrito.

El Servicio Electoral deberá determinar en un plazo de cinco días desde la publicación de esta reforma los escaños que correspondan en virtud del inciso anterior.

Las elecciones de las y los representantes indígenas para la Convención Constitucional serán en un solo distrito en todo el país. La asignación de los escaños se realizará de la manera que sigue:

Será electa preliminarmente la candidatura más votada que corresponda al pueblo Mapuche y que tenga su domicilio electoral en la Región Metropolitana de Santiago, o en las regiones de Coquimbo, de Valparaíso, del Libertador General Bernardo O'Higgins o del Maule. Luego, serán electas preliminarmente las cuatro candidaturas más votadas que correspondan al pueblo Mapuche y que tengan su domicilio electoral en las regiones de Ñuble, del Biobío o de La Araucanía. Enseguida, serán electas preliminarmente las dos candidaturas más votadas que correspondan al pueblo Mapuche y que tengan su domicilio electoral en las regiones de Los Ríos, de Los Lagos o de Aysén del General Carlos Ibáñez del Campo.

Además, serán electas preliminarmente las dos candidaturas más votadas que correspondan al pueblo Aimara.

Para los otros pueblos, se elegirá preliminarmente a un o una Convencional Constituyente, correspondiendo a la candidatura más votada para cada uno de ellos.

Se garantizará la paridad entre hombres y mujeres en la asignación final de los escaños para convencionales constituyentes representantes de los pueblos indígenas, de la manera que se señala a continuación:

En el caso del pueblo Mapuche, si una vez asignadas preliminarmente las candidaturas, las de un sexo superan al otro en más de un escaño, operará la sustitución por la respectiva candidatura paritaria alternativa de la siguiente manera: la candidatura del sexo sobrerrepresentado con menor votación cederá su escaño a su candidatura alternativa paritaria. Dicho proceso se repetirá tantas veces sea necesario, hasta que ningún sexo supere al otro en un escaño.

En el caso del pueblo Aimara, si los candidatos electos con las primeras mayorías fueran del mismo sexo, el candidato o candidata menos votado de los electos preliminarmente será sustituido siguiendo el mismo mecanismo señalado en el inciso anterior.

En el caso de los otros pueblos, que contarán cada uno con un solo escaño, si sumados sus escaños en el resultado final no se lograre equilibrio de género, deberá corregirse sustituyendo a la o las candidaturas menos votadas del sexo sobrerrepresentado por su candidatura paritaria alternativa hasta alcanzarse el equilibrio de género.

Para efectos de los incisos anteriores, se entenderá como candidatura menos votada la que resultare inferior en relación al número de votos obtenidos y el total de electores del pueblo correspondiente.

En todo lo demás, regirán las reglas comunes aplicables a los convencionales constituyentes.

CUADRAGÉSIMA CUARTA.- Sin perjuicio de lo dispuesto en el artículo 131, para los efectos del artículo 32 del decreto con fuerza de ley Nº 2, de 2017, del Ministerio Secretaría General de la Presidencia, que fija el texto refundido, coordinado y sistematizado de la ley Nº 18.700, orgánica constitucional sobre Votaciones Populares y Escrutinios, el tiempo total de la franja televisiva en las elecciones de Convencionales Constituyentes se distribuirá entre los candidatos de pueblos indígenas, los candidatos independientes y los candidatos de un partido político o pacto, en la forma que se indica a continuación.

Con el objeto de asegurar la votación informada de los pueblos indígenas, existirá una franja electoral indígena que tendrá una duración total equivalente al trece por ciento del tiempo de duración establecido para la franja de Convencionales Constituyentes pertenecientes a la elección general, distribuido en forma proporcional entre los diversos pueblos.

El tiempo de la franja se distribuirá en la forma prevista en el inciso cuarto del artículo 32 del decreto con fuerza de ley Nº 2, de 2017, del

Ministerio Secretaría General de la Presidencia, que fija texto refundido, coordinado y sistematizado de la ley N° 18.700, orgánica constitucional sobre Votaciones Populares y Escrutinios. Asimismo, para los candidatos independientes en listas de candidatos independientes o fuera de ella se considerará un tiempo adicional al contemplado en el inciso primero del artículo 32 de la referida ley para la franja televisiva, excluyéndose a los candidatos independientes que formen parte de listas de partidos políticos, que se determinará de la siguiente forma:

a) Se determinará un segundo a cada candidato independiente en lista de candidatos independientes o fuera de ella, distribuidos a cada candidato en partes iguales.

b) Los candidatos independientes, sea que estén inscritos en lista de candidatos independientes o fuera de ellas, podrán ceder el tiempo que les corresponda a una lista de candidaturas independientes. El Consejo Nacional de Televisión establecerá la forma en que se le informará del uso conjunto del tiempo en la franja electoral por las listas de candidaturas independientes, según lo señalado en este literal. Esta información deberá ser entregada a más tardar a las 00:00 horas del cuarto día anterior al inicio de la franja electoral.

CUADRAGÉSIMA QUINTA.- Existirá un reembolso adicional de gastos electorales para los candidatos a escaños reservados para pueblos indígenas, consistente en 0,01 unidades de fomento por cada voto obtenido, en aplicación de las normas contenidas en el artículo 15 de la ley N° 19.884, orgánica constitucional sobre Transparencia, Límite y Control del Gasto Electoral, cuyo texto refundido, coordinado y sistematizado fue fijado por el decreto con fuerza de ley N° 3, del Ministerio Secretaría General de la Presidencia, de 2017. La totalidad del reembolso de gastos electorales corresponderá siempre al candidato o candidata titular.

CUADRAGÉSIMA SEXTA.- De la participación del pueblo Rapa Nui en la elección de convencionales constituyentes.

Con la finalidad de garantizar la representación y participación del pueblo Rapa Nui en la Convención Constitucional, de conformidad con lo prescrito en la disposición cuadragésima tercera transitoria, sólo podrán votar las personas que tengan calidad indígena de dicho pueblo acreditada en el Registro Nacional de Calidades Indígenas de la Corporación Nacional de Desarrollo Indígena o en el Registro para la elección de comisionados de la Comisión de Desarrollo de Isla de Pascua.

Podrán ser candidatos las personas indígenas que cumplan los requisitos establecidos en el artículo 13 de esta Constitución. Adicionalmente, se deberá acreditar su condición de pertenecientes al pueblo Rapa Nui, mediante el correspondiente certificado de la calidad de indígena emitido por la Corporación Nacional de Desarrollo Indígena o su pertenencia en el Registro para la elección de comisionados de la Comisión de Desarrollo de Isla de Pascua, y su domicilio en la comuna de Isla de Pascua.

En lo que concierne al reembolso adicional de gastos electorales para los candidatos a convencionales Rapa Nui, se aplicará lo establecido en la disposición cuadragésima quinta transitoria precedente.

En todo lo demás, regirán la disposición cuadragésima tercera transitoria, en lo que sea aplicable, y las reglas comunes relativas a los convencionales constituyentes.

CUADRAGÉSIMA SÉPTIMA.- De la participación de las personas con discapacidad en la elección de Convencionales Constituyentes.

Con la finalidad de resguardar y promover la participación de las personas con discapacidad en las elecciones de los Convencionales Constituyentes para redactar la nueva Constitución Política, de la totalidad de las declaraciones de candidaturas de las listas conformadas por un solo partido político o pactos electorales de partidos políticos, se establecerá un porcentaje mínimo del cinco por ciento del total respectivo de candidaturas para personas con discapacidad. Para calcular este cociente, se aproximará dicho porcentaje al entero superior.

Para efectos de lo señalado en el inciso anterior, los candidatos deberán contar con la calificación y certificación señaladas en el artículo 13 de la ley Nº 20.422, a la fecha de presentación de sus candidaturas. El Servicio de Registro Civil e Identificación o, en su caso, las Comisiones de Medicina Preventiva e Invalidez, dependientes del Ministerio de Salud, deberán facilitar al Servicio Electoral los datos debidamente actualizados de las personas con discapacidad certificadas, dentro de un plazo de quince días corridos a contar desde la publicación de esta norma. Dicha información deberá ser actualizada hasta la fecha de presentación de las candidaturas.

Asimismo, podrá acreditarse la discapacidad a través de la calidad de asignatario de pensión de invalidez de cualquier régimen previsional, a la fecha de presentación de candidaturas, conforme a los registros disponibles en el Sistema Nacional de Información de Seguridad y Salud en el Trabajo de la Superintendencia de Seguridad Social, la que deberá facilitar al Servicio Electoral los datos de los asignatarios dentro del plazo previsto en el inciso anterior.

La infracción de lo dispuesto en los incisos anteriores conllevará el rechazo de todas las candidaturas declaradas a la Convención Constitucional de los partidos o pactos electorales respectivos que no hayan cumplido con estos requisitos. En caso de rechazo, se podrá corregir dicha infracción ante el Servicio Electoral dentro de los cuatro días hábiles siguientes a la fecha de notificación de la resolución sobre aceptación o rechazo de las candidaturas, según lo dispuesto en el artículo 19 del decreto con fuerza de ley Nº 2, del Ministerio Secretaría General de la Presidencia, de 2017, que fija el texto refundido, coordinado y sistematizado de la ley Nº 18.700, Orgánica Constitucional sobre Votaciones Populares y Escrutinios. Sin perjuicio de lo anterior, procederá reclamación en los términos del artículo 20 del mismo cuerpo legal.

CUADRAGÉSIMA OCTAVA.- Las declaraciones de candidaturas independientes, hayan o no sido declaradas por un partido político, al cargo de alcalde o gobernador regional, que hayan sido rechazadas por sentencia judicial del Tribunal Calificador de Elecciones, fundada en el incumplimiento del requisito establecido en la disposición trigésima sexta transitoria de esta Constitución, deberán ser inscritas por el director regional del Servicio Electoral que corresponda, en el Registro Especial de Candidaturas a que hace referencia el artículo 116 del decreto con fuerza de ley Nº 1, de 2006, del Ministerio del Interior, que fija el texto refundido, coordinado y sistematizado de la ley Nº 18.695, orgánica constitucional de Municipalidades, y el artículo 93 del decreto con fuerza de ley Nº 1, de 2005, del Ministerio de Interior, que fija el texto refundido, coordinado y sistematizado de la ley Nº 19.175, orgánica constitucional de Gobierno y Administración Regional, según corresponda. Dicha inscripción deberá realizarse dentro de los dos días siguientes a la fecha de publicación de la presente reforma constitucional. Contra esta inscripción no procederá acción, recurso o reclamación judicial alguna.

Las direcciones regionales del Servicio Electoral deberán notificar a los candidatos su inscripción, en el mismo plazo señalado en el inciso anterior, vía correo electrónico.

CUADRAGÉSIMA NOVENA.- En razón de la postergación de las próximas elecciones municipales, de gobernadores regionales y de Convencionales Constituyentes, se aplicarán las siguientes normas, según corresponda:

1. Suspéndese la campaña electoral contemplada en la normativa aplicable a las elecciones municipales, de gobernadores regionales y de Convencionales Constituyentes, según corresponda, desde las 24 horas del día de publicación de la presente reforma constitucional y hasta las 24 horas del día 28 de abril de 2021, campaña que se reanudará el día 29 de abril de 2021 hasta el jueves 13 de mayo de 2021, inclusive.

2. No obstante lo señalado en el numeral precedente, serán aplicables a la propaganda electoral las siguientes reglas:

a) No podrá realizarse propaganda electoral durante el período de suspensión señalado en el numeral precedente, en los términos señalados en los artículos 31 y 35 de la ley Nº 18.700, orgánica constitucional sobre Votaciones Populares y Escrutinios, cuyo texto refundido, coordinado y sistematizado fue fijado por el decreto con fuerza de ley Nº 2, de 2017, del Ministerio Secretaría General de la Presidencia, con excepción de aquella establecida en el artículo 36 de dicha ley, siempre que ésta se encuentre instalada e informada al Servicio Electoral a la fecha de publicación de esta reforma.

Durante el plazo de suspensión no se podrá realizar propaganda pagada en medios de comunicación social, plataformas digitales, redes sociales, aplicativos y aplicaciones de internet.

b) La transmisión de la propaganda electoral de candidatos a Convencional Constituyente a que se refiere el artículo 32 de la ley N° 18.700, orgánica constitucional sobre Votaciones Populares y Escrutinios, se suspenderá el día de la publicación de la presente reforma constitucional, si ese día es anterior al 8 de abril de 2021. Si como resultado de la suspensión referida quedare un remanente de días para completar los días de transmisión a que se refiere el inciso séptimo del referido artículo 32, los canales de televisión de libre recepción deberán destinar un número equivalente de días al remanente, para transmitir la propaganda electoral de los candidatos a Convencional Constituyente, hasta el tercer día anterior a la elección inclusive, y en los mismos términos que los utilizados para las transmisiones suspendidas en virtud de este literal.

c) Para efectos de lo dispuesto en el artículo 34 de la ley N° 18.700, orgánica constitucional sobre Votaciones Populares y Escrutinios, se entenderá que el plazo es el comprendido entre el 10 de febrero de 2021 y hasta el 13 de mayo de 2021.

Durante el período que medie entre el 8 de abril y el 13 de mayo, el Servicio Electoral, a través de los canales pertenecientes a la Asociación Nacional de Televisión, deberá informar sobre el proceso de cambio de las elecciones y su nuevo calendario.

3. En relación a las normas de la ley N° 19.884, orgánica constitucional sobre Transparencia, Límite y Control del Gasto Electoral, cuyo texto refundido, coordinado y sistematizado fue fijado por el decreto con fuerza de ley N° 3, de 2017, del Ministerio Secretaría General de la Presidencia, durante el período de suspensión de la campaña electoral señalado en el numeral 1 sólo se podrán efectuar los gastos electorales señalados en los literales c), d) y f) del inciso segundo del artículo 2 de dicha ley, excluyendo aquellos que digan relación con lo dispuesto en el artículo 38 de la ley N° 18.700, orgánica constitucional sobre Votaciones Populares y Escrutinios, cuyo texto refundido, coordinado y sistematizado fue fijado por el decreto con fuerza de ley N° 2, de 2017, del Ministerio Secretaría General de la Presidencia.

4. Sólo podrán ejercer su derecho a sufragio quienes se encuentren habilitados conforme al Padrón Electoral que se utilice para cada elección,

según la regla que se indica a continuación. Sin perjuicio de lo dispuesto en el Título II "Del Padrón Electoral y de su Auditoría" de la ley Nº 18.556, orgánica constitucional sobre Sistema de Inscripciones Electorales y Servicio Electoral, cuyo texto refundido, coordinado y sistematizado fue fijado por el decreto con fuerza de ley Nº 5, de 2017, del Ministerio Secretaría General de la Presidencia, se utilizará el Padrón Electoral con carácter de definitivo elaborado por el Servicio Electoral para la elección que originalmente se celebraría el 10 y 11 de abril de 2021.

Con la finalidad de propender a la participación del electorado, las inscripciones, actualizaciones y modificaciones del Registro Electoral se reanudarán, en el caso de las elecciones primarias de 2021, el día siguiente a las elecciones de Convencionales Constituyentes, gobernadores regionales y de autoridades municipales, y hasta el sexagésimo día anterior a dichas elecciones primarias. Tratándose de las elecciones presidencial, parlamentarias y de consejeros regionales de 2021, esta reanudación se efectuará a partir del día siguiente a las elecciones de Convencionales Constituyentes, gobernadores regionales y de autoridades municipales y se suspenderá a los ciento cuarenta días anteriores a las elecciones generales antes señaladas.

5. Los acuerdos, actas, resoluciones o actos administrativos de los órganos competentes que fueron dictados o publicados con anterioridad a la presente reforma constitucional, en virtud de la normativa aplicable a las elecciones municipales, de gobernadores regionales y de Convencionales Constituyentes, continuarán vigentes y serán plenamente aplicables a las elecciones que se desarrollen los días 15 y 16 de mayo de 2021, salvo aquellos que en virtud de esta disposición se vean modificadas, en el sentido que se indica.

6. Sin perjuicio de lo establecido en el inciso segundo del artículo 3 de la ley Nº 20.640, que establece el sistema de elecciones primarias para la nominación de candidatos a Presidente de la República, parlamentarios, gobernadores regionales y alcaldes, cuyo texto refundido, coordinado y sistematizado fue fijado por el decreto con fuerza de ley Nº 1, de 2017, del Ministerio Secretaría General de la Presidencia, por única vez, la elección

primaria a la que hace referencia tal artículo se realizará el día 18 de julio del 2021.

7. Los permisos sin goce de remuneración solicitados por las candidatas y candidatos que sean funcionarios públicos, estén en régimen de planta, contrata, honorarios o Código del Trabajo, se entenderán prorrogados hasta el día 17 de mayo, salvo voluntad en contrario del trabajador.

Para efectos de lo dispuesto en los artículos 156 y 157 de la ley Nº 10.336, de Organización y Atribuciones de la Contraloría General de la República, cuyo texto coordinado, sistematizado y refundido fue fijado por el decreto Nº 2.421, de 1964, del Ministerio de Hacienda, se entenderá que los plazos de treinta días a que se refieren dichos artículos correrán desde el 12 de marzo de 2021 y hasta el día de la elección.

El candidato o candidata que se encuentre haciendo uso de feriado legal que venza antes del 15 de mayo de 2021 podrá solicitar, antes de su término, el permiso sin goce de remuneración en los términos señalados en el párrafo primero.

Con todo, los candidatos y candidatas que sean funcionarios públicos y que, a la fecha de publicación de esta reforma se encontraren haciendo uso de su feriado legal, podrán suspenderlo, sin expresión de causa, retomando sus labores en sus lugares de trabajo, desde el día siguiente de publicada esta reforma constitucional. El saldo de días de feriado legal que se computó en favor de ellos podrá ser utilizado nuevamente, a partir del 29 de abril de 2021, una vez que se reanude el período de campaña.

Los empleadores del sector privado cuyos trabajadores hayan solicitado aplazar el permiso sin goce de sueldo no podrán rechazar dicha solicitud. En ningún caso podrá invocarse este aplazamiento como fundamento para proceder al despido.

8. La publicación a que se refiere el inciso primero del artículo 30 de la ley Nº 18.700, orgánica constitucional sobre Votaciones Populares y Escrutinios, cuyo texto refundido, coordinado y sistematizado fue fijado por el decreto con fuerza de ley Nº 2, de 2017, del Ministerio Secretaría General de la Presidencia, se hará una sola vez para las elecciones reguladas en esta reforma constitucional, en la fecha que disponga el Servicio Electoral.

QUINCUAGÉSIMA. Sin perjuicio de lo dispuesto en el artículo 65, inciso cuarto, número 6, excepcionalmente, y para mitigar los efectos sociales derivados del estado de excepción constitucional de catástrofe por calamidad pública decretado a causa del COVID-19, autorízase a los afiliados del sistema privado de pensiones regido por el decreto ley Nº 3.500, de 1980, a realizar voluntaria y excepcionalmente un nuevo retiro de hasta el 10 por ciento de los fondos acumulados en su cuenta de capitalización individual de cotizaciones obligatorias, estableciéndose como monto máximo de retiro el equivalente a 150 unidades de fomento y un mínimo de 35 unidades de fomento.

En el evento de que el 10 por ciento de los fondos acumulados sea inferior a 35 unidades de fomento, el afiliado podrá retirar hasta dicho monto. En el caso de que los fondos acumulados en su cuenta de capitalización individual sean inferiores a 35 unidades de fomento, el afiliado podrá retirar la totalidad de los fondos acumulados en dicha cuenta.

Los fondos retirados se considerarán extraordinariamente intangibles para todo efecto legal, y no serán objeto de retención, descuento, compensación legal o contractual, embargo o cualquier forma de afectación judicial o administrativa, ni podrá rebajarse del monto ya decretado de la compensación económica en el juicio de divorcio, sin perjuicio del derecho de subrogación legal del alimentario o su representante y de la retención, suspensión y embargabilidad por deudas originadas por obligaciones alimentarias de conformidad a lo previsto en la ley Nº 21.254.

Con el objeto de exigir el pago de deudas originadas por obligaciones alimentarias, el alimentario acreedor, personalmente o a través de su representante legal o curador ad litem, se entenderá subrogado, por el solo ministerio de la ley, en los derechos del alimentante deudor, para realizar la solicitud de retiro de fondos previsionales acumulados en su cuenta de capitalización individual de cotizaciones obligatorias regidas por el decreto ley Nº 3.500, de 1980, que permite esta reforma, la ley Nº 21.295 y la ley Nº 21.248, hasta por la totalidad de la deuda. En el evento de que existan varios alimentarios en distintas causas y los fondos autorizados a retirar no fueren suficientes para el pago de cada deuda alimentaria, el tribunal que conozca de la causa más antigua vigente en la cual se decretó retención deberá prorratear, para determinar el monto de cada deuda alimentaria que se pagará con el fondo retirado por subrogación del afiliado alimentante o voluntariamente. Si las deudas alimentarias fueren inferiores al fondo que este artículo autoriza a retirar, el afiliado no perderá su derecho respecto del remanente.

Las administradoras de fondos de pensiones, dentro de tres días hábiles, deberán informar a los tribunales el o los correos electrónicos que los afiliados tienen registrados en dichas instituciones para pedir el retiro de fondos previsionales autorizados por esta Constitución. El tribunal deberá notificar al afiliado mediante correo electrónico todas las resoluciones que se dicten en la causa, dentro de tres días hábiles desde que se efectuó tal petición. Para todos los efectos legales, esta notificación se entenderá efectuada el mismo día en que se despache. La entrega de los fondos retenidos por deudas alimentarias se efectuará dentro de los siguientes diez días hábiles contados desde que venciere el plazo que el alimentante tiene para oponerse a la liquidación; o bien, si ha existido oposición, desde que la resolución que se pronuncia sobre ella se encuentre firme y ejecutoriada. En el caso de que el total de la deuda exceda el monto máximo de retiro permitido, la subrogación se autorizará hasta por ese monto. Autorizada la subrogación, el juez, de oficio, deberá liquidar la deuda, en su caso prorratearla, y señalar los datos de la cuenta bancaria que haya determinado o determine para efectos del pago del retiro. Ejecutoriada la liquidación y su prorrateo, si correspondiere, el alimentario o quien lo represente podrá concurrir directamente a la administradora de fondos de pensiones respectiva, la que deberá aceptar la solicitud de retiro con la sola exhibición de una copia simple de la sentencia que autoriza la subrogación y la liquidación del crédito, y el certificado que la tuvo por ejecutoriada.

Sin perjuicio de lo dispuesto en el inciso anterior, la resolución que ordene el pago con fondos acumulados en la cuenta de capitalización individual de cotizaciones obligatorias del alimentante por los montos de retiro autorizados tanto por esta reforma como por la ley N° 21.248, que se encuentren retenidos por disposición judicial, con arreglo a lo dispuesto en los mencionados textos legales, deberá indicar el monto específico que ordena pagar por concepto de pensiones alimenticias devengadas y adeudadas, identificar la cuenta bancaria a la cual la administradora de fondos de pensiones deberá realizar la transferencia, y señalar expresamente el plazo en que la referida administradora deberá proceder al pago. Asimismo, dicha resolución incluirá la orden de alzar la respectiva medida de retención respecto de las sumas retenidas que excedan del monto por el que se ordena el pago, con indicación, además, de que dicho alzamiento no empece respecto de otras órdenes de retención que hubieren sido decretadas en otras causas sobre los mismos montos de capitalización individual de cotizaciones obligatorias del alimentante.

El tribunal ordenará que la resolución por la que dispone el pago sea notificada a la administradora de fondos de pensiones respectiva en el más breve plazo y por medios electrónicos. Por su parte, la resolución se entenderá notificada a las partes del proceso desde que se incluya en el estado diario electrónico disponible en la página web del Poder Judicial, de conformidad con el artículo 50 del Código de Procedimiento Civil.

La administradora de fondos de pensiones deberá efectuar la transferencia a la cuenta bancaria señalada en la resolución en un plazo no superior a diez días hábiles, contado desde que aquélla le es notificada.

Si se hubieren dictado dos o más órdenes de retención respecto de los fondos acumulados en la cuenta de capitalización individual de cotizaciones obligatorias por los montos de retiro autorizados tanto por esta reforma como por la ley Nº 21.248, y dichos fondos no fueren suficientes para el pago de cada deuda alimentaria, concurrirán sobre este monto en la misma proporción de cada crédito sobre la suma total de las acreencias. Para ello, el juez de cada causa podrá ordenar indistintamente el pago de cada acreencia hasta el monto correspondiente a la proporción respectiva. Para ello deberá siempre consultar en forma previa sobre los montos de las demás acreencias a los tribunales que hubieren dictado las otras órdenes de retención y dejará constancia de dichos antecedentes y del cálculo de la proporción en la resolución por la que ordene el pago. Asimismo, deberá señalar en ella expresamente que el alzamiento de la respectiva medida de retención respecto de las sumas retenidas que excedan del monto por el que se ordena el pago no empece respecto de las demás órdenes de retención que hubieren sido decretadas en otras causas respecto de los mismos montos de capitalización individual de cotizaciones obligatorias del alimentante.

Los fondos retirados a los cuales hace referencia la presente disposición transitoria no constituirán renta o remuneración para ningún efecto legal y, en consecuencia, serán pagados en forma íntegra y no estarán afectos a comisiones o descuento alguno por parte de las administradoras de fondos de pensiones. Los afiliados podrán solicitar este retiro de sus fondos hasta 365 días después de publicada la presente reforma, con independencia de la vigencia del estado de excepción constitucional de catástrofe decretado.

Los afiliados podrán efectuar la solicitud de este retiro de fondos en una plataforma con soporte digital, telefónico y presencial que al efecto dispongan las administradoras de fondos de pensiones, asegurando un proceso eficiente y sin demoras. Los fondos que en aplicación de esta disposición le correspondieren al afiliado se transferirán automáticamente a la "Cuenta 2" sin comisión de administración o de seguros ni costo alguno para él, o a una cuenta bancaria o de instituciones financieras y cajas de compensación, según lo determine el afiliado. Los retiros que se efectúen conforme a esta disposición serán compatibles con las transferencias directas, beneficios, alternativas de financiamiento y, en general, las medidas económicas que la ley o las disposiciones reglamentarias establezcan a causa del COVID-19. No podrá considerarse el retiro de fondos para el cálculo de las demás medidas adoptadas en razón de la crisis o viceversa. Se considerará afiliado al sistema privado de pensiones regido por el decreto ley N° 3.500, de 1980, a toda persona que pertenezca a dicho sistema, incluidas aquellas que sean beneficiarias de una pensión de vejez, de invalidez o sobrevivencia. La entrega de los fondos acumulados y autorizados a retirar se efectuará en un plazo máximo de quince días hábiles, contado desde la presentación de la solicitud ante la respectiva administradora de fondos de pensiones. La implementación del sistema de transferencias de fondos y otras medidas que se efectúen en virtud de esta disposición no tendrán costo alguno para los afiliados. Además, las administradoras de fondos de pensiones deberán enviar a la Superintendencia de Pensiones, y al Banco Central cuando corresponda, todo antecedente del cumplimiento de las medidas que se efectúen con motivo de la aplicación de la presente disposición. La observancia, fiscalización y sanción de las obligaciones de las administradoras de fondos de pensiones contenidas en la presente disposición le corresponderá a la autoridad competente dentro de sus atribuciones legales.

A partir de la publicación en el Diario Oficial de esta reforma y hasta los 365 días siguientes, los pensionados o sus beneficiarios por renta vitalicia podrán, por una sola vez y de forma voluntaria, adelantar el pago de sus rentas vitalicias hasta por un monto equivalente al diez por ciento del valor correspondiente a la reserva técnica que mantenga el pensionado en la respectiva compañía de seguros para cubrir el pago de sus pensiones, con un tope máximo de ciento cincuenta unidades de fomento.

El retiro que efectúen los pensionados o sus beneficiarios que opten por solicitarlo, se imputará al monto mensual de sus rentas vitalicias futuras, a prorrata, en forma proporcional y en igual porcentaje que aquel que represente el monto efectivamente retirado.

Las reglas relativas a la intangibilidad y naturaleza de estos recursos, la tramitación de la solicitud, el pago de pensiones de alimentos impagas y la información a las autoridades correspondientes, incluida la Comisión para el Mercado Financiero, contenidas en los incisos precedentes de esta disposición, serán aplicables a las solicitudes de anticipos que efectúen los pensionados o sus beneficiarios por rentas vitalicias. Con todo, el pago de los fondos solicitados se efectuará al pensionado o sus beneficiarios en un plazo máximo de treinta días corridos, contados desde la recepción de la solicitud. La Comisión para el Mercado Financiero dictará las instrucciones necesarias para la aplicación de los incisos precedentes.

El procedimiento de solicitud, la exención de todo tipo de gravámenes e impuestos y las demás regulaciones, que no se opongan al presente artículo, se ajustarán a lo prescrito en la disposición trigésima novena transitoria de esta Constitución. El procedimiento para exigir el pago de deudas originadas por obligaciones alimentarias se sujetará a la ley.

Estarán impedidos de solicitar el retiro a que se refiere esta disposición las personas cuyas rentas o remuneraciones se regulen de conformidad a lo dispuesto en el artículo 38 bis de esta Constitución, con excepción de los trabajadores a honorarios. Para efectos de verificar lo anterior, en el momento de realizar la solicitud, el afiliado deberá presentar ante la respectiva administradora de fondos de pensiones una declaración jurada simple en la cual dé cuenta que no se encuentra en la situación descrita.

Quienes hubieren hecho ejercicio del derecho establecido en esta disposición podrán aumentar en un punto porcentual la cotización obligatoria señalada en el artículo 17 del decreto ley Nº 3.500, de 1980, al 11 por ciento de sus remuneraciones y rentas imponibles, por un período mínimo de un año a contar del mes siguiente a aquel en que comuniquen la decisión a la administradora de fondos de pensiones a la que estén afiliados, y hasta por el plazo que estimen pertinente, debiendo asimismo comunicar a la administradora su decisión de revertir el aumento en la cotización. Esta cotización adicional se regirá por todas las disposiciones aplicables a la cotización legal obligatoria.

Sin perjuicio de lo anterior, quienes hubieren hecho ejercicio del derecho a retiro establecido en esta disposición, podrán recibir un aporte fiscal a la cuenta individual por cada año en que se postergue la pensión. El monto del aporte fiscal establecido en este inciso y la forma en que se percibirá serán determinados en una ley de quórum calificado.

QUINCUAGÉSIMA PRIMERA. Sin perjuicio de las normas aplicables al plebiscito constitucional de acuerdo a lo establecido en el artículo 143, en remisión a los incisos cuarto a sexto del artículo 130, se aplicarán excepcionalmente las normas contenidas en la ley N° 21.385, que modifica la legislación electoral, para privilegiar la cercanía al domicilio del elector, en la asignación del local de votación.

QUINCUAGÉSIMA SEGUNDA. Dentro de los tres días siguientes a la publicación de la presente reforma constitucional, la Cámara de Diputados y el Senado, respectivamente, efectuarán la convocatoria a una sesión especial con el objeto de elegir a los miembros de la Comisión Experta y del Comité Técnico de Admisibilidad de conformidad a los artículos 145 y 146.

El reglamento a que hace referencia el artículo 153 deberá ser aprobado antes de la instalación de la Comisión Experta. Si vencido el plazo señalado el reglamento no fuere aprobado por el Congreso Nacional, se entenderá aprobada la propuesta de las Secretarías Generales de ambas ramas del Congreso Nacional.

QUINCUAGÉSIMA TERCERA. Facúltase al Presidente de la República para que, en el plazo de tres meses contado desde la publicación de esta reforma, establezca mediante uno o más decretos con fuerza de ley, expedidos por intermedio del Ministerio del Interior y Seguridad Pública, los que también deberán ser suscritos por el Ministro de Defensa Nacional, las normas necesarias para regular las atribuciones y deberes de las fuerzas para el resguardo de las áreas de zonas fronterizas establecidas en el párrafo final del numeral 21° del artículo 32.

Dichas disposiciones sólo podrán otorgar a las Fuerzas Armadas atribuciones para el control de identidad y registro en las áreas de las zonas fronterizas delimitadas por el correspondiente decreto supremo, así como la detención para el solo efecto de poner a las personas a disposición de las policías. Asimismo, podrán facultar a las Fuerzas Armadas para la colaboración con la autoridad contralora para efectos de lo establecido en el artículo 166 de la ley N° 21.325, de Migración y Extranjería.

Estos preceptos regirán mientras no se publique la ley a la que se refiere el párrafo final del numeral 21° del artículo 32. El respectivo Mensaje deberá ser enviado por el Presidente de la República al Congreso Nacional dentro de un plazo de seis meses contado desde la publicación de esta reforma.

En la edición oficial, después del articulado de la Constitución, se registra lo que sigue: Anótese, tómese razón y publíquese.- RICARDO LAGOS ESCOBAR, Presidente de la República.- Eduardo Dockendorff Vallejos, Ministro Secretario General de la Presidencia.-Francisco Vidal Salinas, Ministro del Interior.- Ignacio Walker Prieto, Ministro de Relaciones Exteriores.- Jaime Ravinet de la Fuente, Ministro de Defensa Nacional.- Jorge Rodríguez Grossi, Ministro de Economía, Fomento y Reconstrucción y Presidente de la Comisión Nacional de Energía.- Nicolás Eyzaguirre Guzmán, Ministro de Hacienda.- Sergio Bitar Chacra, Ministro de Educación.- Luis Bates Hidalgo,

Ministro de Justicia.- Jaime Estévez Valencia, Ministro de Obras Públicas y de Transportes y Telecomunicaciones.- Jaime Campos Quiroga, Ministro de Agricultura.- Yerko Ljubetic Godoy, Ministro del Trabajo y Previsión Social.- Pedro García Aspillaga, Ministro de Salud.- Alfonso Dulanto Rencoret, Ministro de Minería.- Sonia Tschorne Berestescky, Ministra de Vivienda y Urbanismo y de Bienes Nacionales.- Osvaldo Puccio Huidobro, Ministro Secretario General de Gobierno.- Yasna Provoste Campillay, Ministra de Planificación.

Lo que transcribo a Ud. para su conocimiento.- Saluda atentamente a Ud., Rodrigo Egaña Baraona, Subsecretario General de la Presidencia.